AI와 빅데이터 기반 예측

인공지능총서

인공지능 시대입니다. 기계가 인간의 인지를 대신하고, 사물이 인간을 통하지 않고 다른 사물과 직접 커뮤니케이션합니다. 이에 따른 인간 삶과 문명 변화를 정확히 이해·예측·대응하는 것은 이 시대 우리 모두의 과제입니다. 인공지능총서는 인공지능 기술과 환경의 여러 주제를 10가지 키워드로 정리합니다. 관련 개념과 이론, 학계와 산업계의 쟁점, 우리 일상의 변화를 다룹니다. 인간과 기술의 현재, 미래를 세심히 분석합니다.

일러두기

- 인명, 작품명, 저서명, 개념어 등은 한글과 함께 괄호 안에 해당 국가의 원어를 병기했습니다.
- 외래어 표기는 현행 어문규정의 외래어표기법을 따랐습니다. 다만 '딥브레인', '딥플로우' 등은 관행을 따랐습니다.

AI와 빅데이터 기반 예측

이재성

대한민국, 서울, 커뮤니케이션북스, 2025

AI와 빅데이터 기반 예측

지은이 이재성
펴낸이 박영률

초판 1쇄 펴낸날 2025년 2월 28일

커뮤니케이션북스(주)
출판 등록 2007년 8월 17일 제313-2007-000166호
02880 서울시 성북구 성북로 5-11
전화(02) 7474 001, 팩스(02) 736 5047
commbooks@commbooks.com
www.commbooks.com

ISBN 979-11-7307-700-5 03500

책값은 뒤표지에 표시되어 있습니다.

차례

빅데이터 축적과 인공지능 예측

하늘 아래 새로운 것은 없다

이스라엘의 지혜로운 왕으로 알려진 솔로몬왕은 말년에 이르러 인생의 허망함을 느끼고 "하늘 아래 새로운 것은 없다(There is nothing new under the sun)"는 말을 했다고 한다. 전도서 1장을 통해 전해지고 있는 이 말은 비록 우리가 어떤 것을 새롭다고 느낄지라도 그저 그것들이 기록되지 못하여 전해지지 않았을 뿐이지 과거에 이미 있었던 것이라는 뜻을 내포하고 있다. 이것을 조금 더 확장해 보면, 나의 입장에서 새로운 것처럼 보이는 여러 사건이 과거의 누군가가 이미 겪었을 수 있는 일이며 그저 내가 그것을 접한 적이 없어 모르는 것뿐이기에 새로운 사건이라고 인지하는 것이라는 뜻이 될 수 있다. 인공지능과 데이터를 생업으로 삼는 필자와 같은 연구자에게 이 말은 여러 생각을 하게 만든다. 어쩌면 우리가 새롭다고 여기는 많은 것들은 인간이라는 종의 한계로 인해 그렇게 여겨질 뿐이고 그저 다람쥐 쳇바퀴 돌 듯 반복되는 세상을 살아가고 있는지도 모르기 때문이다.

인류가 그간 겪어 온 모든 것을 데이터로 남길 수 있다면 미래에 일어날, 어쩌면 반복되고 있을지도 모르는 사건들을 미리 알고 대비할 수 있을까. 억겁의 세월 동안 쌓인 데이터 속에서 내가 맞닥뜨린 사건과 동일한 사건 기록을 찾아내는 것은 생각보다 어려운 일일 수 있다. 확실한 것은 한 개인의 두뇌 용량으로는 그 모든 데이터를 기억할 수 없다는 점이다. 그렇다면 하나의 대안으로서, 이 데이터를 그대로 두기보다 그러한 기록 중에서 특별히 중요하거나 공통된 것들을 찾아내어 축약한 뒤 개념화하여 상황에 대입하는 것이 더 현실적인 방안일 수 있다. 사건을 축약하여 개념화했으니 사건과 정확하게 맞아 들어가지는 않겠지만, 그럼에도 불구하고 사건이 어떻게 흘러갈지에 대한 예측은 어느 정도 가능하다. 이때 인간 개개인의 생각은 서로 다를지라도 일부러 상황을 다르게 예측하려는 사람은 거의 없기 때문에 개념화하려는 방향은 비슷할 수 있다. '사건을 정확하게 예측하기 위해 필요한 정보 위주로 축약하겠다'와 같이 축약의 방향 혹은 목적이 비슷하다면 그 과정도 비슷해질 수 있으며, 그렇다면 축약을 위한 표준적인 절차도 만들 수 있다. 예측에 관한 인공지능이란 결국 이러한 표준적인 절차를 프로그램으로 만들어 둔 것이다.

유행 예측

유행은 돌고 돈다는 말이 있다. 특히 패션 분야에서 널리 알려진 이 말은 10년 전 유행하던 스타일이 지금 다시 유행하는 것을 말한다(≪스포츠경향≫, 2022). 물론 유행을 선도하는 패션 디자이너들이 과거 유행했던 스타일에 대한 해석을 새롭게 하여 변화를 주기도 하고, 같은 스타일을 지향한다고 해도 현재를 살아가는 대중이 구할 수 있는 옷이나 소품이 10년 전과는 달라졌기 때문에 세부적인 부분은 변할 수밖에 없다. 그렇지만 큰 줄기에서 보면, 곧 유행할 스타일이 과거 유행했던 스타일과 유사할 수는 있을 것이다. 이를 잘 이용하여 곧 유행할 스타일을 미리 알 수 있다면, 다시 말해 이를 예측할 수 있다면 디자이너는 유행을 선도할 수 있고 패션 기업은 이익을 극대화할 수 있다. 최신 유행을 즉각 반영한 디자인과 빠른 상품 회전율이 특징인 소비 패션 전략을 사용하는 현대 의류 소매 기업에게 유행 예측은 기업의 수익 증대를 위해 이루 말할 수 없이 중요하다(Wikipedia, 2024).

유행을 예측한다고 해 보자. 우리가 가지고 있는 힌트는 유행이 대략 10년을 주기로 반복한다는 것이다. 이 경험칙이 옳다면 우리가 취할 수 있는 합리적인 전략은 10년 전의 사례를 반추하여 곧 유행할 스타일이 무엇일지 예측하는 것이다. 그러려면 과거 유행한 스타일이 무엇이었는지 디자이너의 기억을 뒤지거나 혹은 기록을 찾아야 한다. 그런데 유행이 10년 주기로 반복된다고는 하지만 직전에 유행했던 스타일이나 사회 경제적 상황에 따라 세부적으로 달라지는 부분도 있고, 때에 따라 8년 전이나 9년 전 유행을 따르는 등 10년이라는 주기를 정확하게 지키는 것은 아니다. 다시 말해, 반복되는 것은 맞지만 오로지 시간에만 의존하지는 않으며, 유행에 영향을 주는 여러 주변 요소가 숨어 있다. 예측할 때, 유행 예측에 중요한 요소를 누락하게 되면 예측의 정확도가 떨어지고 이는 손실로 이어질 수 있다.

전지(全知)할 수 있는가

안타깝게도 유행 예측에 관여하는 정보의 전체 목록은 알려지지 않았다. 어떤 정보가 유행에 관여하는지 정확히 알려진 바 없으며 몇 개나 되는 정보가 있는지도 명확히 알 수 없다. 심지어 세상에는 나비효과라는 것도 있어서 겉으로 보기에는 아무런 영향이 없어 보이는 사건이 내년의 유행에 영향을 미칠 가능성도 없지 않다(≪한국경제≫, 2024). 그렇다면 예측을 위한 정보를 모은다는 행위에서 최선을 다한다는 것은 결국 패션, 정치, 경제,

사회 등 분야를 가리지 않고 취합 가능한 모든 정보를 최대한 긁어모은다는 의미가 된다. 슬프게도 이는 기업 입장에서 그다지 좋은 상황이 아니다. 정보를 모으고 저장하고 처리하는 데에도 비용이 지출되기 때문이다. 이 지출이 유행 예측으로 얻을 수 있는 수익을 넘어서면 예측하는 것이 의미가 없다. 지출에 민감한 기업 입장에서는 비용을 거의 들이지 않고 예측할 방법을 찾아야 한다.

다시 고민해 보자. 우선 시간과 비용, 적시성이라는 측면에서 생각해 보았을 때 모든 정보를 모은다는 것이 현실적으로 가능한가? 그렇지 않을 것이다. 세상에는 공개된 정보도 많지만 개인 정보처럼 가려져야 하는 정보도 많다. 또 정보를 모을 때, 어떤 분야의 어떤 정보가 실제로 유의미할지 모르고 모았으니, 취합된 정보 대부분은 쓸모없을 가능성이 크다. 따라서 전문가를 통해 옥석을 가리는 과정이 필연적으로 이어지게 될 것이고, 결과적으로는 걸러진 정보만으로 유행 예측을 하게 될 것이다. 이 두 가지 사실을 종합하면 그 배경이나 과정이 어떻든 결국 모든 정보를 취합하는 것은 불가능하고 가능하더라도 대부분은 걸러져 버려질 것이라는 결론에 도달한다. 그런 한계가 불가피하다면, 예측의 정확도를 조금 포기하고 중요한 정보만 취합하는 것이 시간과 비용의 제약을 극복하는 '현실적인' 대안이 될 수 있다. 이는 정확성을 일부 포기하는 대신 효용성을 얻겠다는 인공지능의 대세 전략과도 일맥상통한다(Medium, 2024). 어차피 모든 것을 알 수는 없으니 주어진 조건 안에서 최선을 다하자는 것이다.

정보화 사회와 데이터의 축적

1990년대를 경험한 사람이라면 정보화 사회라는 단어를 한 번쯤 들어 본 적이 있을 것이다(표준국어대사전, 2024). 산업 사회의 연장선에 불과하다는 비판도 있지만 많은 것들이 디지털로 옮겨 간 시기라는 점은 분명한 사실이다. 이 시기 기업 내에서도 과거 수기로 이루어지던 많은 업무 기록이 워드프로세서로 작성되어 자기테이프를 통해 저장되기 시작했다. 처음에는 단순히 결재 문서의 용도로 사용되었지만, 정보 저장 비용이 상대적으로 값싸다는 점이 부각되면서 기업 내 분야를 가리지 않고 급속히 확대되었다(모두의연구소, 2022). 책임 소재를 확실히 해야 하는 기업 입장에서 기록을 소실시키는 것은 항상 부담이었고, 수기로 작성하여 철편으로 묶어 저장하던 종이 문서와 달리 디지털 문서는 공간을 거의 차지하지 않기 때문에 특별한 사유가 없는 한 사라지지 않고 계속해서 누적되기 쉬웠다. 기록은 결국 정보라고 할 수 있고, 정보는 데이터와 동일하다는 점을 생각해 보면, 이 시기부터 기업 내에 데이터가 아무도 인식하지 못하는 사이 조용히 그리고 끊임없이 쌓이기 시작했을 것임을 알 수 있다.

정보화 사회로의 전환과 무관하게 기업을 운영하는 입장에서 미래 예측에 대한 수요는 꾸준히 있었을 것이다. 그리고 앞서 언급한 것처럼 무언가 예측하기 위해서는 과거 기록, 즉 데이터가 필요하다. 그렇다고 이제야 데이터를 모으기 시작한다면 실제 예측할 수 있을 때까지 시간이 소요될 것이고 그사이 급박한 시장 경쟁 속에서 도태되어 버리면 의미가 없다. 데이터를 모으는 데 들어가는 비용도 부담이다. 어떻게 해야 할까. 잘 생각해 보니 기업 내에도 데이터가 쌓이고 있다. 비록 의도한 것은 아니지만, 사내 시스템 내에서 발생한 사건들이 데이터베이스(Database)에 기록되고 있을 테니 결국 그것들도 데이터라고 할 수 있다. 업무와 무관하다고 생각되는 것들은 애초에 저장하지도 않았을 테니 연관성 있는 정보만 잘 걸러져서 저장되었다고 볼 수 있다. 물론 의도된 것이 아니니 완벽하진 않을 것이고 누락된 데이터도 있겠지만 그래도 당장 활용할 수 있다는 점은 아주 매력적이다. 어쩌면 유행 예측을 위한 데이터 수집에서 걱정하던 고민거리가 일거에 해결된 것도 같다. 이미 있는 데이터를 사용하면 추가적인 시간이나 비용이 들지 않고, 유행을 예측하는 데 필요 없는 정보를 현장 전문가가 딱히 저장했을 것 같지 않으니, 데이터베이스에 저장된 데이터들은 이미 전문가에 의해 걸러진 데이터라고 볼 수도 있다. 이제 어떠한 장애물도 없는 것 같다. 당장 수십 년간 쌓인 데이터로, 다음으로 유행할 패션이 무엇일지 남들보다 빠르게 그리고 정확하게 예측할 수 있을 것이다!

빅데이터 인프라의 발전

통상 1980년대 이전 데이터라고 하면 공책 몇 권 정도에 모두 옮겨 적을 수 있는 수준이었다. 이제 사내 시스템에서 사용하는 데이터베이스에 그동안 쌓아 온 데이터를 한번 살펴보자. 그런데 그간 쌓인 데이터를 살펴보니 아뿔싸, 공책 몇 권 정도에 적을 수 있는 분량이 아니다. 아무래도 근 30년간 업무와 연관되었다 싶으면 모두 쌓아 두었으니 그간 누적된 데이터가 너무 방대하다. 일반 컴퓨터에서는 데이터 용량이 너무 커서 불러올 수조차 없다. 가만히 생각해 보니 이런 데이터를 처리하기 위해서는 특수한 장비와 분석 방법이 필요할 것 같다. 그렇다면 기존 데이터와는 무언가 다르다. 추후에 이 데이터를 분석할 사람들이 비슷한 실수를 하거나 계획을 잘못 세우는 것을 방지하기 위해서라도 우리가 알고 있던 '데이터'와는 차별을 두어야 한다. 바로 '빅데이터'의 등장이다.

어떤 문제를 해결할 때 그 문제가 품은 규모는 그 자체로 많은 것에 영향을 미친다. 예를 들어 물리학에서는 거시 세계와 미시 세계를 구분하여 다루고, 경제학에서는 거시 경제와 미시 경제를 나누어서 설명한다. 이는 데이터 처리에서도 마찬가지여서 데이터 규모가 상식 이상으로 크면 이를 처리하는 방법이 달라진다. 이와 비슷하게 빅데이터는 그 규모로 인해 독특한 문제를 안고 있다. 바로 전통적인 컴퓨터로는 누적되는 데이터의 양이 분석되는 데이터의 양보다 많아서 데이터를 저장하려고 하는 것만으로도 저장 공간이 가득 차고 시스템이 멈춰버린다는 것이다. 이를 빅데이터를 설명하는 주요 요소 중 속도(Velocity) 요소라고 한다(Oracle, 2024). 이 때문에 컴퓨터 한 대에 데이터를 모두 저장하겠다는 생각이나 인간이 직접 내려받아 분석하는 과거의 전략은 더 이상 성립하지 않는다. 최근 데이터 센터, 데이터 클라우드(Data Cloud)와 같은 용어가 뉴스에 심심찮게 등장하는데 이들이 바로 빅데이터 처리를 위한 기반 체계다

(KT, 2024). 달리 말하면 빅데이터를 처리할 때 발생하는 문제점들이 이러한 특수 기반 체계를 통해 해결되면서 빅데이터가 우리 사회에서 점차 보편화되고 있음을 의미한다. 이제 빅데이터를 분석할 수 있는 기반 체계를 갖추었으니 그 속에 숨겨져 있는 통찰(insight)을 찾아낼 시간이다. 데이터가 너무 커서 일일이 뒤져 볼 시간이 없기도 하고, 원래 주어진 회사 업무도 있는 데다 사람을 구하자니 예산이 따로 배정될 리도 없어 대안을 찾아야 한다. 다시 말해 빅데이터를 학습해서 예측할 수 있는 인공지능을 투입해야 한다.

빅데이터 기반 인공지능 예측

인공지능을 통한 예측을 할 때는 예측을 위해 특별히 고안된 인공지능을 사용한다. 이러한 목적으로 제작되어 공개된 인공지능은 매우 많으며 심지어 매년 새로운 인공지능이 여러 국제학술대회에서 발표된다. 선택지가 많다는 것은 좋은 일이긴 하지만 인공지능이 익숙하지 않은 대중에게는 오히려 선택이 어렵게 느껴질 수 있으며 인공지능을 잘 선택하면 예측 결과가 극단적으로 달라질 수 있다는 묘한 오해를 불러일으키는 것 같기도 하다. 결론부터 말하자면, 예측을 위해 만들어진 인공지능이 다양하다고 할지라도 내부에서 동작하는 원리는 모두 동일하다. 따라서 특정 인공지능을 선택하더라도 학습에 사용하는 빅데이터가 비슷하다면 극적인 변화는 기대하기 어렵다. 그것은 마치 청바지와 흑 청바지 중 어떤 것이 더 나은지 가늠하는 것과 비슷하다.

수많은 예측 인공지능의 동작 원리가 모두 동일하다는 것을 이해하기 위해 다음과 같이 중학교 수학 시간에 배운 '수열' 예제를 활용하면 좋겠다. 예를 들어, 우리에게 2, 4, ㅁ와 같은 수열이 주어져 있다고 하자. 그렇다면 네모 칸에 들어갈 숫자는 무엇인가? 보통은 6을 떠올릴 것이다. 왜 6을 떠올렸는가? 첫 번째 숫자가 2이고 두 번째 숫자가 4니까 첫 번째의 1에 2를 곱해서 2이고, 두 번째의 2에 2를 곱해서 4를 떠올렸을 것이다. 흔히 말하는 짝수 수열이다. 이것을 함수로 표현하면, $y=2x$가 되며, 이때 x는 순서를 의미하고 y는 예측된 값을 의미한다. 네모 칸의 숫자는 세 번째 숫자이니 x가 3이 되고, 그렇다면 y는 6이 되므로 네모 칸에 들어갈 숫자는 6이 되는 것이다. 이때 $(x,y)=(1,2),(2,4)$는 관측된 사실이고, $(3,\square)$는 예측 목표가 된다. 예측을 위한 인공지능은 관측된 사실, 즉 학습 데이터로부터 $y=2x$를 만들어 내는 기계라고 할 수 있다. 이것을 전문가들은 모형(Model)

이라고 부르는데, 이렇게 모형이 얻어지고 난 다음에는 세 번째, 네 번째 숫자처럼 관측되지 않은 숫자에 대해 예측값을 출력할 수 있게 된다.

예제가 단순하다 보니 빅데이터를 통한 예측과의 간극이 너무 크다고 생각할지도 모르겠다. 빅데이터로 저장된 것도 모두 숫자로 변환되어 인공지능에 입력되기 때문에 예제와 큰 차이는 없다. 생각해 보라. 인공지능은 컴퓨터에서 동작하는데, 컴퓨터를 한국어로 옮기면 계산기다. 계산기에 숫자 이외의 다른 것을 입력할 수 없는 것처럼 빅데이터 역시 숫자로 변환되지 않으면 입력될 수 없다. 그저 숫자로 변환되는 내부 과정이 숨겨져 있을 뿐이다. 동작 과정이 이렇게 단순하다면 그 수많은 예측 인공지능은 대체 무엇이 다른 것인가? 다소의 비약을 감수하고 최대한 간단하게 설명하자면, 예측을 위한 모형의 형태에 따라 성능이 좋은 인공지능이 조금씩 다르다. 어떤 인공지능은 $y=2x$와 같은 1차 함수를 만들어 내는 데 유리하고, 어떤 인공지능은 2차 함수 바탕의 모형을 데이터로부터 추출해 내는 데 적합하다. 최근 심층학습 기반의 예측 인공지능이라고 하면 장단기 기억(Long Short Term Memory) 신경망(Hochreiter & Schmidhuber, 1997)이나 합성곱(Convolutional) 신경망(Lecun et al., 2015), 챗GPT(OpenAI, 2022)로 유명한 트랜스포머(Transformer) 신경망(Vaswani et al., 2017) 등이 많이 거론되는데 이들 역시 내부 구조가 복잡하게 꼬여 있을 뿐 결국 데이터에 맞는 모형을 추출하는 절차를 담고 있는 것에 불과하다. 다만, 앞서 이야기한 것처럼 예측 인공지능마다 장기가 다르기 때문에 최적의 성능을 낼 수 있는 데이터도 달라질 수밖에 없다. 그래도 별달리 고민할 필요는 없다. 데이터가 준비되어 있다면 이미 공개된 기성품 인공지능을 죄다 적용해 보고 그중 최적의 정확도를 보여 주는 인공지능을 선택하면 되기 때문이다. 마치 백화점에서 이곳저곳 둘러보며 나에게 맞는 옷을 찾는 것처럼.

해야 되는 것과 하지 말아야 하는 것

데이터도 예측 인공지능도 준비되어 있으니, 이제 아무것도 거리낄 것이 없다고 생각할 수도 있겠지만 안타깝게도 현실은 그렇지 않다. 빅데이터를 통한 예측 인공지능이란 마치 자동화의 꽃과 같아서 하나만 어긋나도 전체가 어그러지기 일쑤이기 때문이다. 특히 최근 주목받는 인공지능의 심층학습들은 민감하기가 이루 말하기 어려울 정도여서 많은 변수가 발생하는 실제 현장에 적용했을 때 실망스러운 결과를 보이는 경우도 허다하다(소프트웨어정책연구소, 2018). 그러니 섣부르게 겉으로 보이는 예측 인공지능의 성능만 믿고 성공을 예단하면 곤란하다. 그것들은 대부분 큰 노력을 통해 최적화된 결과들이다.

그럼에도 불구하고 예측 인공지능을 적용하겠다면 가장 먼저 어느 분야에 활용할 것인지를 결정해야 한다. 최근 인공지능이 여러 분야에서 두각을 드러내고 있지만, 그렇다고 해서 모든 분야에 성공적으로 적용되는 것은 아니다. 예측 인공지능이 적용되었을 때 만족스러운 성능을 보여 주지 못한 분야 역시 많지만, 실패한 과업의 특성상 외부에 드러나지 않았을 가능성이 크다. 인공지능이 성공적으로 적용된 분야 혹은 인공지능의 적용이 환영받는 분야로는 전통적으로 의료, 금융, 제조, 농업, 유통, 물류 등이 있고, 최근에는 엔터테인먼트 목적의 스포츠 분야나 기후 변화 예측에도 적용되고 있다. 그 외의 분야에 적용하려고 한다면 알려진 사례가 부족하니 충분한 준비가 필요할 것이다.

적용 분야를 결정했다면 어떤 예측을 할지 결정하고 그에 맞는 데이터를 수집해야 한다. 인공지능을 학습시켜야 하기 때문이다. 물론 유행 예측 사례처럼 사내에 의

도하지 않게 수집된 데이터가 있을 수도 있다. 이런 데이터를 적극적으로 활용하려고 하되 불필요한 데이터가 학습에 포함되지 않도록 주의해야 한다. 부모가 아이를 가르칠 때 좋은 예제를 가지고 가르치려고 하는 것처럼 인공지능 역시 혼동하기 쉬운 예제나 잘못된 예제를 가지고 학습하면 올바른 예측을 하기 어렵다. 이를 위해 관련 산업 동향을 분석하고 선구자 혹은 경쟁자가 문제를 어떻게 해결해 왔는지 사례를 살펴보면 좋다. 그 과정에서 어떤 정보를 수집하여 인공지능에 입력했는지 파악할 수 있다면 성공적인 예측 인공지능 구축에 큰 도움이 된다(삼성SDS, 2021).

마지막은 인공지능의 선택에 관한 것이다. 비록 인공지능의 동작 원리가 모두 같으므로 입력된 데이터가 동일하다면 결과도 비슷하겠지만 그에 따른 소소한 차이가 비즈니스의 성패를 가르기도 하니 유의해야 한다. 특히, 앞서 수열 예시에서 네모 칸에 들어가야 할 숫자가 6이라고 설명했지만, 만약 정답 모형이 $y = 2^x$이라면 네모 칸에 들어가야 할 숫자는 8일 수도 있다. 이것은 데이터를 조금이라도 더 모아 학습에 활용하고, 성능이 조금이라도 더 나은 예측 인공지능을 선택한 뒤, 실제 환경에 적용했을 때 문제가 없는지 계속해서 관찰하는 것이 최선일 뿐 근본적으로는 극복할 수 없는 문제다. 따라서 예측이 완벽할 수 없음을 항상 염두에 두고 지속적인 관리가 필요함을 인지하고 있어야 한다.

참고문헌

모두의연구소(2022.9.4). 빅데이터(Big Data) – 빅데이터, 정의, 특징, 활용 사례.
https://modulabs.co.kr/blog/big-data

삼성SDS(2021.10.08). 인공지능의 한계 3 – AI 응용 상용화 85% 실패, 그리고 Data-Centric 인공지능으로의 이동.
https://www.samsungsds.com/kr/insights/data_centric_ai.html

소프트웨어정책연구소(2018.11.27). 심층학습의 오해와 진실.
https://spri.kr/posts/view/22502?code=column

≪스포츠경향≫(2022.12.19). 돌고 도는 패션, 2023년 트렌드는 무엇?
https://sports.khan.co.kr/article/202212190048003?pt=nv

표준국어대사전(2024). 정보화 사회.
https://ko.dict.naver.com/#/entry/koko/02af5155cfe54b619354984d1b593073

≪한국경제≫(2024.12.03). 이랜드 홈피 1500만 방문 비결…“근엄 벗고 패션잡지처럼.”
https://www.hankyung.com/article/2024120313721

KT(2024.10.10). 2024 클라우드 컴퓨팅 트렌드 6가지.
https://enterprise.kt.com/bt/P_BT_TI_VW_001.do?bbsId=2735&bbsTP=A

LeCun, Y., et al.(2015.05.28). Deep learning. *Nature*. 521(7553):

436-444. Bibcode:2015Natur.521..436L. doi:10.1038/nature14539. ISSN 1476-4687. PMID 26017442.

Medium(2024.8.6). 10 Essential machine learning trade-offs: Balancing act for AI success. https://medium.com/@mustaphaliaichi/10-essential-machine-learning-trade-offs-balancing-act-for-ai-success-d381d595348a

OpenAI(2022.11.30). Introducing ChatGPT. https://openai.com/index/chatgpt/

Oracle(2024.9.23). 빅 데이터란 무엇인가요? https://www.oracle.com/kr/big-data/what-is-big-data/

Sepp Hochreiter & Jürgen Schmidhuber(1997). Long short-term memory. *Neural Computation*. 9(8): 1735-1780. doi:10.1162/neco.1997.9.8.1735. PMID 9377276. S2CID 1915014.

Vaswani, A., et al.(2017). Attention is all you need. *Advances in neural information processing systems*. 30. Curran Associates, Inc.

Wikipedia(2024.12.18). Fast Fashion. https://en.wikipedia.org/wiki/Fast_fashion

01
의료 예측 인공지능

죽음에 대한 공포는 인간으로 하여금 의학의 발전을 유도하였다. 과거 개개인의 경험을 바탕으로 이루어진 의술은 현대에 이르러 의료 빅데이터의 축적과 인공지능을 통한 예측이라는 새로운 영역으로 나아가고 있다. 질병 예측 및 진단, 의료 영상 분석, 약물 개발, 환자 맞춤형 치료 등에서 활용되는 인공지능 기반 예측 사례와 방법을 살펴본다.

인공지능이 의료 분야에 적용된 역사는 매우 깊다. 파급 효과를 생각하면 당연한데, 컴퓨터 단층촬영(CT) 영상이나 자기공명영상(MRI) 등을 활용한 영상 기반 예측 및 진단 기술이 주를 이룬다. 의료 영상을 객관적으로 분석하여 질병을 조기에 발견하고 치료 계획을 지원할 수 있기 때문이다(Litjens et al., 2017). 특히 심층학습 기반의 시각 지능 기술이 병변의 위치나 크기, 형태를 정밀하게 파악하는 데 유리하여 병변 검출 및 분할에 큰 도움이 될 수 있으며(Esteva et al., 2019) 이를 바탕으로 진단 효율성과 처치 효과를 향상하는 것이 가능하다(Topol, 2019). 또한 의료 빅데이터를 학습하여 새로운 질병에 대한 예측 모델도 개발할 수 있다(Shen et al., 2017).

이 기술의 동작 원리는 의료 영상 데이터와 같은 고해상도 영상을 입력으로 받아 분석을 수행하는 것이다(Litjens et al., 2017). 입력된 영상을 전처리하여 불필요한 정보를 제거하고, 병변의 특징을 강조하는 필터링 및 영역 분할 기법을 적용한다(Shen et al., 2017). 이후 심층학습 기반 신경망을 사용하여 영상에서 패턴을 추출하고 질병의 가능성을 예측한다. 이렇게 처리된 정보는 분석된 병변의 위치, 크기, 형태와 같은 시각적 정보를 출력으로 제공하며, 이는 의료진의 진단을 보조하는 데이터로 활용된다(Esteva et al., 2017). 이 정보는 의료 전문가의 진단 과정을 지원하고 의사가 치료 방향을 결정하는 데 중대한 이바지를 할 수도 있다(Topol, 2019).

신약 후보 물질 발굴

인공지능을 활용한 약물 개발은 인공지능으로 신약 후보 물질을 발굴하고 최적의 조합을 탐색하는 방법론이다(Vamathevan et al., 2019). 이 기술은 전통적 신약 개발에 비해 시간과 비용을 크게 절감하며, 특히 희귀 질환이나 난치성 질환의 신약 개발에 효율적이다(Mak & Pichika, 2019). 이때 인공지능은 대규모 화합물 데이터와 유전자 정보를 빠르게 분석하여 약물의 유효성을 예측하는 데 사용되며, 약물 부작용과 독성 예측에도 활용된다(Chen et al., 2018).

약물 개발에서 인공지능을 활용할 때에는 화합물 구조 및 생물학적 정보를 입력으로 받아 신약 후보를 예측하는 방식으로 진행한다(Vamathevan et al., 2019). 입력 정보는 화학적 구조, 유전자 정보, 약리학적 속성 등이 있고 인공지능을 통해 화합물과 표적 단백질 간 상호작용을 예측한다(Zhavoronkov et al., 2020). 이러한 과정에서 심층학습과 강화학습을 적용하여 신약의 효능과 안전성을 예측하고 유망한 후보 물질을 식별한다(Chen et al., 2018). 최종적으로 인공지능은 신약 개발 단계에서 유망한 약물 후보군을 선별하여 임상 시험에 적합한 약물을 추천한다(Mak & Pichika, 2019). 이러한 기술은 신약 발굴 과정을 가속화하여 연구 비용과 시간을 크게 절감한다.

환자 맞춤형 치료

환자 맞춤형 치료에서 인공지능은 진단 정확도와 치료 효율성을 향상하는 역할을 맡는다. 수작업에 의한 진단은 의료진의 경험에 따라 오류나 주관성이 개입될 가능성이 있지만, 인공지능은 방대한 의료 데이터를 분석해 패턴과 이상 징후를 신속하게 감지하여 이러한 한계를 극복한다. 이를 통해 의료진은 더욱 정확한 진단과 치료 계획을 수립할 수 있으며, 예상치 못한 상황에도 신속하게 대응할 수 있다. 특히 인공지능 기반 예측 분석은 의료진의 부족에도 불구하고 개인별 위험 요인을 고려한 맞춤형 치료를 제공할 수 있게 하며, 이는 빠르게 변화하는 상황 속에서 환자의 치료 성공률을 높이고 서비스의 질을 향상하는 데 필수적인 것으로 여겨진다(Thoughtful AI, 2024).

환자 맞춤형 치료에서 인공지능은 의료 기록, 유전자 정보, 실시간 환자 모니터링 데이터 등을 종합적으로 활용하여 환자의 상태와 특성에 맞춘 맞춤형 치료 계획을 수립하는 데 이바지할 수 있다. 예를 들어, 인공지능은 환자의 유전자 데이터를 분석해 특정 약물에 대한 반응을 예측하고, 가장 적합한 약물과 치료법을 선택하는 과정을 돕는다. 또한 비슷한 환자들의 데이터를 학습해 그들의 치료 결과를 바탕으로 새로운 환자에게 적합한 치료 방안을 제안할 수도 있다. 실시간으로 환자의 상태를 감시하면서 약물의 효과와 부작용을 분석해 필요에 따라 치료 방향을 조정할 수 있게 하며, 환자의 진료 정보를 바탕으로 질병 진행 상태와 치료 반응을 평가하고, 그에 맞게 치료 전략을 수정할 수 있도록 돕는다. 결과적으로 의료진이 더 빠르고 정확한 결정을 내릴 수 있도록 인공지능이 실시간으로 돕고, 환자에게 최적화된 맞춤형 치료를 지속적으로 제공할 수 있게 한다. 또 환자의 상태 변화에 신속하게 대응하며, 치료 과정에서 발생할 수 있는 문제를 조기에 발견해 치료의 안전성과 효율성을 크게 높이는 데 이바지할 수도 있다(Linked in, 2024).

의료 인공지능 분야의 선두 주자들

의료 인공지능 기업 뷰노(VUNO)는 뇌 MRI 영상을 분석하여 알츠하이머병과 같은 퇴행성 뇌 질환을 조기에 진단할 수 있는 뷰노메드 딥브레인을 개발한 바 있다. 주요 뇌 영역을 분할하고 위축 정도를 정량화하여, 정확하고 빠른 진단이 가능하게 하는 것이 핵심이다. 미국 FDA 인증을 획득하면서 신뢰성과 안전성을 국제적으로 인정받았으며, 치매 진단과 관련된 임상 현장에서 유용하게 활용되고 있다. 이를 통해 의료진의 진단 부담을 줄이고 진단의 효율성을 높이고 있다(HiTNEWS, 2023a). 루닛(Lunit)의 루닛 인사이트는 엑스레이(X-Ray)와 CT 영상을 인공지능으로 분석하여 유방암과 폐암을 조기에 탐지하는 인공지능이다. 이 기술은 병원에서 영상 판독 시간을 크게 단축하고 진단 정확성을 높이며, 의료진이 환자의 상태를 신속히 파악할 수 있도록 지원한다. 특히 대규모 데이터 학습을 통해 영상 진단의 정확성을 더욱 향상하고 있으며 암 진단의 조기 발견에 기여하고 있다(HiTNEWS, 2023b).

국내 기업 디어젠(Deargen)은 자체 인공지능 플랫폼을 통해 유방암에 대한 신규 항암제 개발을 진행했다. 디어젠의 인공지능은 단백질의 아미노산 서열 정보를 분석해 신약 후보 물질을 예측하는 데 강점을 가지고 있다. 방대한 생물학적 데이터를 효율적으로 처리함으로써 약물 개발 과정을 크게 단축할 수 있었다고 한다(Bio-Spectator, 2021).

코로나19 백신 개발로 유명한 모더나(Moderna)는 오픈AI와 협력하여 챗GPT 기반 시스템을 도입했다. 이 인공지능은 연구 빅데이터를 활용해 임상 시험 약물 용량을 예측하는 등 신약 개발 및 비즈니스 프로세스를 자동화했다. 모더나는 이를 활용해 향후 5년 내 15개의 신제품을 출시하는 것을 목표로 하는 등 신약 개발의 속도를 크게 단축하고 비용 절감과 제품 혁신을 이루고자 한다.

이스라엘 의료 기술 회사 제네티카플러스(Genetika+)는 인공지능과 줄기세포 분석 기술을 결합해 환자에게 적합한 항우울제를 찾아 부작용을 최소화하고 약물의 최대 효과를 끌어내는 맞춤형 치료를 제공한다. 환자의 혈액 표본에서 생성된 뇌세포를 항우울제에 노출하고 인공지능이 유전자 정보 및 병력을 결합해 최적의 약물과 복용량을 추천한다(BBC News Korea, 2023).

한국과학기술원(KAIST)은 인공지능을 활용해 파킨슨병 환자별 양상을 예측하는 플랫폼을 개발했다. 이 기술은 신경 세포의 핵, 미토콘드리아, 리보솜 이미지 정보를 학습해 파킨슨병의 하위 유형을 예측하고, 환자 맞춤형 치료를 가능하게 한다. 이 플랫폼은 맞춤형 약물 개발에도 활용될 수 있다고 한다(청년의사, 2023).

의료 예측 인공지능의 미래 전망

인공지능 기반 영상 진단 기술은 미래에 맞춤형 진료와 진단 정확성을 더욱 강화할 것으로 예상되며(Najjar, 2023) 영상, 문자, 음성 정보의 통합과 인공지능 연합학습을 통해 프라이버시 문제를 극복하면서 발전이 가속화될 전망이다(Diagnostics World News, 2024). 미래에는 인공지능이 약물 개발 전 과정을 자동화하여 신약 발굴과 임상시험 시간을 단축할 것으로 예상된다. 이는 인공지능이 약물의 화학 구조 예측과 가상 임상시험을 통해 신약 개발의 효율성을 높이고, 정밀 의학 실현에도 기여할 수 있음을 의미한다. 미래에는 인공지능 기반 맞춤형 치료가 더욱 정밀해지며, 유전자 분석과 실시간 진료 정보를 활용한 치료법이 확산할 것으로 예상된다. 이를 통해 환자의 치료 효과를 최적화하고, 웨어러블(Wearable) 기기와의 통합으로 실시간 모니터링 및 대응이 가능해질 것으로 예상된다(Liquidynee Process Technologies, 2023).

참고문헌

이데일리(2024). 생성형 AI, 신약개발도 돕는다…모더나 등 적용. https://m.edaily.co.kr/News/Read?newsId=01968006638860712&mediaCodeNo=257

청년의사(2023). 파킨슨병 맞춤형 치료 길 연 인공지능 플랫폼 나왔다. https://www.docdocdoc.co.kr/news/articleView.html?idxno=3008686

하이퍼랩(2024). AI 신약 개발의 동향과 미래. https://hyperlab.hits.ai/blog/AI-drug-discovery-trends-future

BBC News Korea(2023). 인공지능이 환자에게 적합한 약을 찾는 방법. https://www.bbc.com/korean/international-65295853

BioSpectator(2021). 디어젠, 인공지능 기반 'TNBC' 타깃 물질 "국내특허 출원" http://m.biospectator.com/view/news_view.php?varAtcId=15073

Chen, H., et al.(2018). The rise of deep learning in drug discovery. *Drug discovery today*, 23(6), 1241-1250.

Diagnostics World News(2024.01.03.). Trendspotting: What's coming for diagnostics in 2024. https://www.diagnosticsworldnews.com/news/2024/01/03/trendspotting-what-s-coming-for-diagnostics-in-2024

Esteva, A., et al.(2017). Dermatologist-level classification of skin cancer with deep neural networks. *Nature*, 542(7639), 115-118.

HiTNEWS(2023.09.13b). 루닛 "AI 유방암 진단능력, 전문의 만큼

우수"
http://www.hitnews.co.kr/news/articleView.html?idxno=48243

HiTNEWS(2023.10.12a). 뷰노, 인공지능 기반 뇌 MRI 분석 설루션 미국 FDA 인증.
https://www.docdocdoc.co.kr/news/articleView.html?idxno=3010249

Linked in(2024). Personalized Medicine: How AI is Tailoring Treatment Plans
https://www.linkedin.com/pulse/personalized-medicine-how-ai-tailoring-treatment-tanveer-bv9xf

Liquidyne Process Technologies(2023). AI-Powered Personalized Treatment: The Future of Tailored Therapeutics
https://liquidyneusa.com/blogs/news/ai-powered-personalized-treatment-the-future-of-tailored-therapeutics?srsltid=AfmBOopv_Bj6L1-a8VTkGZ7zPo9FHTW5koZQEtrb6d2Xr_xg8PtOFZqB

Litjens, G., et al.(2017). A survey on deep learning in medical image analysis. *Medical image analysis,* 42, 60-88.

Mak, K. K. & Pichika, M. R.(2019). Artificial intelligence in drug development: Present status and future prospects. *Drug discovery today,* 24(3), 773-780.

Najjar, R.(2023). Redefining radiology: A review of artificial intelligence integration in medical imaging. *Diagnostics,* 13(17), 2760. doi:10.3390/diagnostics13172760

Ronneberger, O., et al. U-Net: Convolutional networks for biomedical image segmentation. In Proc. of the Med. Image Comput. Comput.-Assist. Intervent. (MICCAI), Munich, Germany. Oct 5-9. 2015, 234-241.

Shen, D., et al.(2017). Deep learning in medical image analysis. *Annual Review of Biomedical Engineering*, 19, 221-248.

Thoughtful AI(2024). AI in Medicine: Transforming Patient Treatment and Care https://www.thoughtful.ai/blog/ai-in-medicine-transforming-patient-treatment-and-care

Topol, E. J.(2019). High-performance medicine: The convergence of human and artificial intelligence. *Nature medicine*, 25(1), 44-56.

Vamathevan, J., et al.(2019). Applications of machine learning in drug discovery and development. *Nature reviews drug discovery*, 18(6), 463-477.

Zhavoronkov, A., et al.(2020). Artificial intelligence for drug discovery, biomarker development, and generation of novel chemistry. *Cell*, 180(4), 688-702.

02
금융 예측 인공지능

주식 시장에서 투자 자동화를 도모한 것은 어제오늘 일이 아니다. 24시간 쉬지 않고 주식 시장을 감시하면서 나를 위해 영원히 수익을 올려 줄 인공지능은 항상 초미의 관심사였다. 주가 예측 및 투자 전략 수립, 신용 평가, 사기 탐지, 위험 관리 등에서 활용되는 인공지능 기반 예측 사례와 방법을 살펴본다.

주가 예측

금융 분야에서 활용되는 주요 인공지능 기술은 기계학습, 심층학습, 자연어 처리다. 이들은 대규모 금융 데이터를 신속하고 정확하게 분석하는 데 필수적이며, 예측 모델을 통해 투자자와 기업이 정보에 기반을 둔 결정을 내릴 수 있도록 돕는다(Puh & Babac, 2023). 예를 들어 기계학습 모형은 과거 가격 데이터와 경제 지표에서 패턴을 식별하고, 자연어 처리 기술은 뉴스와 소셜 미디어의 비정형 텍스트를 분석하여 시장의 감정을 해석한다. 이를 통해 전통적인 가격 지표를 넘어서는 요인을 포착함으로써 역동적인 시장에서 경쟁 우위를 확보한다(Dao et al., 2024).

인공지능을 주식 시장의 행위자로 도입하려는 시도는 매우 빈번하다. 인공지능을 통한 주가 예측의 입력 데이터는 주로 과거 주가와 거래량, 경제 지표, 뉴스 기사와 같은 자연어 데이터로 구성된다. 데이터 처리를 위해 의사결정나무와 같은 기계학습 알고리즘이 정형 데이터를 분석하고, 장단기 기억(Long Short Term Memory) 신경망은 시계열 데이터를 처리해 순차적으로 연속된 데이터에서 일정한 패턴을 파악한다(Lyn & Marques, 2024). 또한 자연어 처리 기술은 뉴스와 소셜 미디어의 텍스트

데이터를 분석해 시장의 긍정적 또는 부정적 감정을 수치화하고, 이를 예측 모델에 결합하여 주가 예측, 위험 평가, 매수/매도 추천 등의 출력을 만든다. 인공지능은 단기 및 중기 예측에서 높은 정확도를 유지하는 것으로 알려져 있다(Jain & Vanzaraa, 2023).

신용 평가와 사기 탐지

신용 평가에서는 인공지능의 기계학습 모델이 전통적인 통계 모델을 보완하거나 대체하고 있으며, 다양한 데이터 원천을 동시에 분석해 개인의 신용도를 더 정확하게 평가하는 추세로 가고 있다. 이를 통해 신용 이력이 제한된 사람에 대한 평가도 가능해졌다(Addy, 2024). 사기 탐지에서는 인공지능이 실시간 거래 모니터링과 이상 징후 감지에 큰 역할을 하며, 적응력이 뛰어나 빠르게 변화하는 사기 패턴에 대응할 수 있는 장점이 있다(Udeh, 2024). 최근 금융 사기의 높은 빈도와 복잡화, 온라인 거래 증가로 인해 이러한 장점이 더욱 부각되고 있다(Qayoom, et al., 2024).

인공지능은 입력 데이터로 전통적인 신용 기록뿐만 아니라 거래 명세, 소셜 미디어 활동, 위치 정보 등을 활용하기 때문에 신용 이력이 부족한 사람도 정확히 평가할 수 있다. 사기 탐지의 경우, 실시간 거래 데이터와 고객 행동 패턴, 위치 정보 등을 사용하여 잠재적인 사기 가능성을 파악한다(InsideAINEWS, 2024). 처리 단계에서는 수집된 데이터를 다양한 기계학습 알고리즘으로 분석하는데, 예를 들어 신경망은 복잡한 비선형 관계를 모형화하여 더 정확한 신용 점수를 산출하고, 로지스틱 회귀는 사기 발생 확률을 계산하는 데 사용된다. 설명 가능한 인공지능(XAI, Explainable AI)에 속하는 의사결정나무는 여러 조건을 고려해 신용도나 사기 여부를 판단한다. 이러한 설명 가능한 인공지능 시스템들은 출력 단계에서 개인별 신용 점수와 그 점수에 영향을 미친 주요 요인들을 제시하며 평가의 투명성을 높여 금융 분야의 규제 조건을 충족할 수 있다. 학습이 끝난 인공지능은 24시간 감시 및 신속한 판단이 가능하므로 사기 탐지를 위해 의심스러운 거래에 대한 패턴을 빠르게 식별하여 실시간으로 관리자에게 경고할 수 있다.

위험 관리와 투자 전략 수립

금융에서 위험(risk) 관리는 시스템의 재정적, 전략적, 운영적, 평판 손실을 방지하는 중요한 역할을 한다(Yazdi, 2024). 한편, 투자 전략 수립은 개인이나 기업이 각자의 재정 목표와 위험 허용 수준에 따라 포트폴리오를 구성하여 자산을 효율적으로 배분하고, 장기적 성장을 꾀할 수 있도록 돕는다(Investopedia, 2022). 이 과정에서 인공지능은 위험 최소화를 위해 각 사건에 대한 위험도를 예측하는 역할을 담당한다.

위험 관리를 위한 인공지능은 입력 단계에서 주로 시장의 변동성, 신용 평가 점수, 기업 및 개별 고객의 거래 기록 데이터를 사용한다. 시장 위험 관리는 자산 가치 변동을, 신용 위험 관리는 대출 신청자의 신용 데이터를 입력으로 활용한다. 이때 신용 평가와 파산 예측 같은 분류 문제에는 지도학습 기반 인공지능이, 이상 탐지에는 비지도학습이, 동적 포트폴리오 할당과 같은 위험 최적화 문제에는 강화학습이 각각 사용된다. 보통 출력 단계에서 인공지능이 특정 위험에 대한 예측값을 제공하도록 설계된다. 사용자는 이 결과를 포트폴리오 조정, 자산 할당, 대출 승인 결정 등 실제 금융 의사 결정에 활용할 수 있다(Mashrur et al., 2020).

자동화되는 금융 산업

금융 회사와 투자 기업들은 주식 시장에 인공지능을 적용하여 수익성을 강화하고, 경쟁력을 확보하며, 실시간으로 변동하는 시장에 신속히 대응하고 있다. 투시그마(Two Sigma)는 고빈도 거래에 대해 심층학습을 통해 실시간으로 거래량과 가격 변화를 분석해 투자 결정을 내린다. 이러한 인공지능은 큰 시장 변동성에서도 유리한 거래 기회를 포착하게 하며, 다른 금융 기관 대비 경쟁 우위를 제공한다(Marketfeed, 2024). 브리지워터(Bridgewater Associates)는 '아이 노우 퍼스트(I Know First)'라는 인공지능으로 다양한 자산의 일일 예측을 제공해, 시장의 상승 가능성을 분석한다(Builtin, 2023). 제로다(Zerodha)와 업스톡스(Upstox)는 고객의 투자 성향에 맞춘 맞춤형 전략을 제공한다. 감정 분석을 통해 고객의 위험 성향과 포트폴리오 성과 분석 결과, 맞춤형 투자 조언과 정보를 실시간으로 제공한다. 제이피모건(J.P. Morgan)은 인공지능을 통해 뉴스와 소셜 미디어 데이터를 실시간으로 분석해 고객에게 정교한 금융 정보를 신속하게 제공한다(CNBC, 2024).

한편, 신용 평가와 사기 탐지 분야에서는 인공지능을 통한 혁신이 많이 이루어지고 있다. 예를 들어, 피플펀드는 진화하는 사기 수법에 대응하기 위해 메가존클라우드와 함께 아마존웹서비스 기반의 인공지능 금융 사기 탐지 시스템을 자체 구축했다(≪한국경제≫, 2022). 또한 KB국민카드는 인공지능을 활용하여 사기 탐지(Fraud Detection) 체계를 고도화했다. 이는 비대면 거래에 접속 정보와 같은 빅데이터 변수를 접목하여 해킹, 피싱(Phishing) 등 신종 금융 사기에 보다 효과적으로 대응하기 위하여 고도화한 것이 핵심이다(서울경제TV, 2024). 마지막으로 금융위원회는 『인공지능 기반 신용 평가 모형 검증 체계』와 『금융 분야 인공지능 보안 가이드라인』을 통해 금융권에서 인공지능의 신뢰성을 확보하고 안전하게 활용하기 위한 제도적 장치를 마련하기도 했다. 이 중 검증 체계는 신용 평가 모형의 데이터 관리와 설명 가능성을 평가하고, 보안 가이드라인은 인공지능 모델 개발 단계별 보안 위협에 대응하도록 도우며, 챗봇 서비스 보안성 체크리스트를 통해 금융 실무자도 손쉽게 보안을 강화할 수 있도록 했다(≪서울파이낸스≫, 2023).

신용 평가 사례처럼 인공지능을 활용한 금융 위험 관리와 투자 전략 지원 서비스 또한 활발하다. 디셈버앤컴퍼니(December&Company)가 운영하는 핀트(Fint)는 인공지능 엔진 아이작(ISAAC)을 통해 글로벌 ETF를 기반으로 포트폴리오를 관리한다. 이 서비스는 위험 최소화에 중점을 두며, 장기적인 투자 결정에서 인공지능이 위험을 관리하는 역할을 수행한다(The Korea Herald, 2023). 하나은행에서는 에이아이웰스(AI Wealth)라는 로보 어드바이저를 통해 고객의 투자 성향과 위험 허용도를 분석하여 맞춤형 포트폴리오를 추천한다. 이 서비스는 6개월마다 포트폴리오를 재조정하여 지속적인 투자 관리를 제공하는 것이 특징이다(Korea JoongAng Daily, 2023). 마지막으로 SK C&C의 금융 위험 관리 설루션은 국내외 주요 주가 지수, 환율, 원자재 가격 등 거시 시장 정형 데이터 및 뉴스, 증권사 리포트, 정부 규제 등 비정형 데이터에 대한 실시간 분석을 통해 잠재적 시장 위험을 사전에 포착하고 선제적으로 대응할 수 있도록 설계되었다(연합인포맥스, 2020).

금융 인공지능의 발전 방향

최근 시장에서 확인되는 인공지능 기반 위험 관리와 투자 전략 수립의 큰 흐름은 위험 관리 체계의 통합이다. 이를 통해 기업 규모와 관계없이 모든 조직이 인공지능에 기반을 두어 위험 관리를 효율적으로 수행할 수 있을 것으로 예상된다. 그러나 이를 위해 보안 및 윤리적 표준 준수와 같은 신뢰성 문제를 해결하는 것이 선결되어야 한다(Risk&Insurance, 2024). 인공지능 기반 예측 모델은 설명 가능한 인공지능의 도입으로 모델 투명성이 높아질 것으로 예상된다(Weber, 2024). 사물인터넷(IoT) 통합으로 실시간 데이터를 활용하면 더욱 실시간성 높은 예측이 가능하며, 다양한 데이터 원천을 활용하는 인공지능은 금융 의사 결정의 필수 도구로 자리 잡을 가능성이 높은 것으로 전망된다(Rahmani, 2023). 마지막으로 신용 평가 및 사기 탐지 분야는 새로 등장하는 보안 위협과 대응 기법 등을 고려하여 지속적인 개선과 적극적인 보완이 필요하다. 다행히 금융 분야는 고품질 데이터가 풍부하여 인공지능 활용의 잠재력이 매우 크기에 인공지능 활용을 활성화하고 신뢰도를 확보하는 방향으로 발전할 것으로 전망된다.

참고문헌

서울경제TV(2024.6.8). KB국민카드, 인공지능 기반 이상금융거래 탐지 시스템 고도화.
https://www.sentv.co.kr/article/view/sentv202406080002

서울파이낸스(2023.4.17). 금융당국, AI 신용 평가모형·보안 체계 마련.
https://www.seoulfn.com/news/articleView.html?idxno=484162

연합인포맥스(2020.4.28). SK C&C, 한국증권 '리스크 관리·자산운용' 시스템 구축.

https://news.einfomax.co.kr/news/articleView.html?idxno=4084916
≪한국경제≫(2022.2.22). 피플펀드, 'AI 금융 사기 탐지 시스템' 자체 구축한다.
https://www.hankyung.com/article/202202220668i
Addy, W., et al.(2024). AI in credit scoring: A comprehensive review of models and predictive analytics. *Global Journal of Engineering and Technology Advances*, 18(02), 118-129.
Builtin(2023.1.5). How Machine Learning Helps Predict Stock Prices.
https://builtin.com/machine-learning/machine-learning-stock-prediction
CNBC(2024.8.9). JPMorgan Chase is giving its employees an AI assistant powered by ChatGPT maker OpenAI.
Dao, H., et al.(2024). AI in Stock Market Forecasting: A Bibliometric Analysis. The 6th Int. Conf. on ICT Integ. in Tech. Edu. (ETLTC), January 23-26, 2024; Aizuwakamatsu, Japan
https://www.cnbc.com/2024/08/09/jpmorgan-chase-ai-artificial-intelligence-assistant-chatgpt-openai.html
InsideAINEWS(2024.7.26). AI in Banking – How Artificial Intelligence is Used in Banks.
https://insideainews.com/2024/07/26/ai-in-banking-how-artificial-intelligence-is-used-in-banks/
Investopedia(2022.5.17). Investment Strategy: Ways to Invest and Factors to Consider,
https://www.investopedia.com/terms/i/investmentstrategy.asp
Jain, R. & Vanzara, R.(2023). Emerging Trends in AI-Based Stock

Market Prediction: A Comprehensive and Systematic Review. The 4th Int. Elec. Conf. on Applied Sci., October 27–November 10, 2023; Online

Korea JoongAng Daily(2023.10.30). [AI IN ACTION] Financial firms embrace AI for personalized services. https://koreajoongangdaily.joins.com/news/2023-10-30/business/finance/Financial-firms-embrace-AI-for-personalized-services/1899236

Lyn, C. & Marques, J.(2024). Stock market prediction using artificial intelligence: A systematic review of systematic reviews. *Social sciences & humanities open*, 9(100864), 1-11.

Marketfeed(2024.8.13). Discover Success Stories in Algo Trading. What to Learn from Them? https://www.marketfeed.com/read/en/discover-success-stories-in-algo-trading-what-to-learn-from-them

Mashrur, A., et al.(2020). Machine learning for financial risk management: A Survey, *IEEE access*, 8, 203203~203223.

Puh, K. & Babac, M.(2023). Predicting stock market using natural language processing. *American Journal of Business*, 38(2), 41-61.

Qayoom, A., et al.(2024). A novel approach for credit card fraud transaction detection using deep reinforcement learning scheme. *PeerJ computer science*, 10(e1998), 1-22.

Rahmani, A., et al.(2023). Applications of artificial intelligence in the economy, including applications in stock trading, market analysis, and risk management. *IEEE Access*, 11, 80769-80793.

RISK&INSURANCE(2024.5.5). AI to Transform Risk Management Technology in 2024.

https://riskandinsurance.com/ai-to-transform-risk-management-technology-in-2024/

The Korea Herald(2023.2.6). Fint provides investors safety net through AI risk management. https://www.koreaherald.com/view.php?ud=20230206000751

Udeh, E., et al.(2024). The role of big data in detecting and preventing financial fraud in digital transactions. *World journal of advanced research and reviews*, 22(02), 1746-1760.

Weber, P., et al.(2024). Applications of explainable artificial intelligence in finance: a systematic review of finance, information systems, and computer science literature. *Management review quarterly*, 74(2), 867-907.

Yazdi, M., et al.(2024). Navigating the power of artificial intelligence in risk management: A comparative analysis. *Safety*, 10(2), 42~89

03
제조 예측 인공지능

특수한 경우를 제외하면 전 세계의 국가들은 작건 크건 제조업에 의존하고 있다. 특히 한국에서는 그해의 제조 분야 전망이 어떻게 되느냐가 중요한 경제 지표 중 하나이기도 하다. 인공지능 기반 예측 기술이 예지 보전, 생산 최적화, 수요 예측, 품질 관리 등에서 어떻게 활용되는지 살펴본다.

제조 수요 예측

제조 데이터란 기업의 제품 기획, 설계, 제조 및 공장 운영 과정에서 발생한 디지털화된 자료를 의미한다(기록을 습관처럼, 2023). 제조업은 정확한 수요 예측이 어려워 재고 문제와 생산 비효율이 발생하기 때문에 빅데이터와 인공지능을 활용한 예측 기술은 신속한 시장 대응과 운영 효율성 향상을 위해 필수다(NestGenInvent, 2024). 현장에서는 숙련된 엔지니어의 노하우가 중요하므로 제조 현장에 인공지능이 적용될 때는 전문가의 경험과 지식을 체계화하여 신규 엔지니어도 효율적으로 지원할 수 있어야 한다(HelloT, 2024).

제조 현장에 인공지능을 적용하려면 생산량, 품질, 비용에 영향을 주는 핵심 공정을 파악해야 한다. 센서와 카메라 센서 등을 활용하여 숫자, 그림, 동영상, 소리 등 다양한 형태의 데이터를 수집하며, 신뢰성 있는 데이터를 위해 센서를 적절한 위치에 설치하고 결측치와 이상치를 제거해야 한다. 이어서 작업자와 현장 전문가의 지식을 활용하여 핵심 변수와 결과 변수를 식별하고, 지도학습과 비지도학습 등 인공지능의 학습 방법에 따라 예측, 분류, 이상 탐지를 진행한다. 최종적으로 분석 결과를 해석하여 불량 원인을 파악하고 이를 통해 제조 공정을 개선하고 최적화한다.

장비 유지 보수 예측

설비 정비와 유지 보수가 고장 후에 이루어지면 생산에 차질이 생기거나 과도한 비용이 발생할 수 있다. 이를 해결하기 위해서는 진동, 전류, 온도 등 설비 센서에서 수집한 실시간 데이터를 모니터링해 사전에 고장을 진단하는 체계가 필요하다. 지능형 공장의 설비 예지 보전 기술은 설비를 모니터링하여 이상 발생 시 최적의 방법으로 신속하게 문제를 해결하는 것을 목표로 한다. 이를 통해 설비를 최상의 상태로 유지하고 결함이나 고장에 빠르게 대응하여 제조 경쟁력을 강화한다(Futuremain, 2022). 또한 인공지능을 통해 기계 데이터를 분석하여 잠재적인 문제를 사전에 식별하고 유지 보수 시점을 예측함으로써 장비 수명을 연장하고 생산 중단 시간을 최소화할 수 있다(Clunix, 2024). 이때 유지 보수 시점을 예측하고 고장이 일어나기 전 유지 보수를 시행하는 것을 예지 보전이라고 한다.

예지 보전 체계는 설비 정의에서 시작된다. 설비 유형과 목표 유닛과 시나리오를 결정하며, 개념 증명(Proof of Concept)을 위한 시험대 구성과 대상 설비, 시뮬레이션을 설정한다. 이어지는 데이터 정의 단계에서 전압, 전류, 속도, 온도 등 수집할 데이터 종류와 수집 방법을 결정하고, 데이터의 수집 주기와 해상도를 설정한다. 이어서 전체 데이터를 분석하여 전처리 작업을 수행하고, 시계열 데이터나 주파수 영역에서 주요 인자를 추출하며, 유지 보전에 사용될 후보 모형의 성능을 비교한다. 마지막으로 학습 및 판정 과정에서는 지도학습을 활용하여 정상 상태와 비정상 상태를 구분하고, 비지도학습을 이용해 이상 징후를 감지한다(HMG developers, 2024).

제품 예측 품질 관리

인공지능 기반 예측 품질 관리는 제조업에서 빅데이터와 인공지능을 활용하여 생산 중인 제품의 품질을 예측하고 관리하는 기술이다(Qualityze, 2024). 이 기술은 기존의 소프트웨어 품질 관리의 세 가지 핵심 요소인 품질 보증, 계획, 관리 과정을 적용한 것으로, 결함을 줄이고 비용을 절감하는 데 사용할 수 있다. 이를 통해 고객에게 제품의 일관된 품질과 신뢰성을 제공하여 고객 만족도를 높이고 상표 가치를 높이는 데 기여한다(Wikipedia, 2023).

품질 관리 인공지능의 입력 데이터는 주로 공정 과정

에서 수집된 데이터를 기반으로 센서 데이터와 영상 데이터를 포함하며, 이는 기계 작동 상태, 환경 정보 등을 포함한다(Chouchene, A., 2020). 수집된 데이터를 처리하는 과정에서 심층학습과 전통적인 규칙 기반 시스템을 혼용해 사용하는 경우가 잦다. 해당 기술의 처리 결과로 품질 예측, 결함 탐지, 유지 보수 시기를 제안할 수 있으며, 이는 비정상적인 작동을 방지하고 생산성 향상에 기여한다(Jamwal, A., 2022).

제조업과 인공지능의 만남

현재 산업에서는 제조 빅데이터 기반 인공지능 예측을 활용한 품질 관리가 다양한 기업에 도입되고 있다. 대표적으로 지멘스(Siemens)의 인더스트리얼 에지(Industrial Edge)와 현대자동차의 어쿠스틱(Acoustic) 인공지능이 있다. 지멘스의 인더스트리얼 에지는 산업 현장에서 발생하는 제품의 결함과 상태를 실시간으로 처리하는 에지 컴퓨팅 플랫폼이다. 이 기술은 클라우드와 현장 기계 사이에서 인공지능이 데이터를 빠르게 처리해 즉각적인 피드백을 제공하여 실시간으로 제품의 품질 개선이 가능하며 이를 통해 제품 생산성을 향상할 수 있다(인공지능신문, 2024). 현대자동차의 어쿠스틱 인공지능은 소리 기반 품질 관리 인공지능으로, 제품 검수 과정에서 모터가 회전하며 발생하는 소리를 기반으로 결함을 파악하여 품질 정확도를 판정하는 방식이다. 현재 창원 공장에 도입되어 운용되고 있으며 1초에 한 대씩 품질 검사를 하여 기존의 검사 시간을 대폭 줄인 것이 특징이다(현대자동차그룹, 2024).

한편, 불량률 감소와 생산성 향상은 제조업의 핵심이라고 할 수 있다. 한국몰드는 사출 금형 전문 기업으로, 불량률 감소와 생산성 향상을 위해 인공지능을 도입했다(InterX, 2021). 인공지능 도입 전, 불량률 4%로 미성형, 가스 자국 등의 불량이 많고, 원인 분석과 조치에 시간이 많이 소요되었으며, 생산 조건 설정을 경험에 의존하는 방식을 사용했기에 불필요한 생산 비용이 발생했다. 이후 데이터 수집 및 전처리 단계에서 센서와 통신 디바이스를 활용하여 공정 데이터를 자동으로 수집하고 데이터 품질 지수를 향상했다. 이를 바탕으로 생산 중인 제품에 대한 불량 예측 모델을 구축하고 대시보드와 분석 도구를 통해 생산 현황과 품질을 실시간으로 모니터링하고 최적의 생산 조건을 제시했다.

예지 보전 분야에서는 인터엑스(InterX)가 두각을 드러내고 있다(InterX, 2022). 인터엑스의 시스템은 진동과 전류 패턴을 시각화하고 심층학습 기반의 이상치 분석으로 설비 예지 보전을 구현하여, 설비 관리 효율을 높이고 고장과 손실을 줄여 생산 효율을 극대화하는 것이 목표다.

이외에 퓨쳐메인(Futuremain)도 유한킴벌리 대전 공장에 설비 예지 보전 시스템을 구축한 사례가 있다. 이 공장은 기저귀와 유아 및 아동용 피부 관리 제품을 생산하는데, 제품 품질의 고급화와 고객 요구에 대한 신속한 대응을 위해 그간 축적된 빅데이터와 인공지능 적용을 통한 스마트 공장화를 추진하고 있다. 최근 부천 공장을 대상으로 시험 설치를 진행했으며 이후 전체 공장으로 지능형 공장을 확산할 계획이다(Futuremain, 2022).

인공지능 기반 제조업의 잠재력

제조 분야의 인공지능 시장은 2023년 32억 달러에서 2028년 208억 달러로 연평균 45.6% 성장할 것으로 전망된다. 그중에서도 자동차 산업이 가장 큰 시장 점유율을 차지할 것으로 예상되며, 금속 및 중장비 산업이 가장 높은 성장률을 보일 것으로 예측된다. 지역적으로는 아시아 태평양 지역이 예측 기간 가장 높은 연간 성장률을 달성할 것으로 전망된다(Zoominlife, 2023). 한편, 세계 예지 보전 시장 규모는 2020년 기준 약 4.5조 원에서 2026년 약 16.6조 원으로 확대될 것으로 예상되며, 이는 2020년에 비해 약 3.6배 증가한 수치다. 이러한 급격한 성장은 설비의 효율성과 품질 향상을 도모하기 위한 비용 절감과 예측 기술의 발전에 따른 결과로 해석된다.

최근 대규모 공장을 중심으로 설비와 부품의 교체 주기를 인공지능을 통해 정확히 예측하는 것이 생산성과 경제성 확보를 위한 필수 조건이라는 인식이 널리 퍼지는 것도 긍정적인 전망을 뒷받침하는 한 축이기도 하다(Onepredict, 2023).

미래에는 인공지능과 더불어 로봇공학과 사물인터넷(IoT) 발전으로 제조 과정의 실시간 모니터링이 가능해질 것으로 전망된다. 이를 통해 기업은 인공지능 기반 품질 관리 설루션을 도입하여 소비자의 요구를 충족할 수 있을 것이다. 다만, 품질 관리 인공지능의 신뢰성을 보장하기 위해서는 고품질의 학습 데이터가 필요하고 예측 결과에 대한 설명력이 필요하다. 이 때문에 최근에는 소프트웨어 정의 공장(Software Defined Factory) 등의 개념이 적용된 지능형 공장으로의 전환이 속속들이 이루어지고 있기도 하다(헬로T, 2024).

참고문헌

기록을 습관처럼(2023.2.16). [Other] 제조 AI 란. https://atonlee.tistory.com/216

인공지능신문(2024.04.21). 지멘스, 챗GPT 통해 PLC 코드 생성한다!...지멘스, MS와 협력해 생성 인공지능으로 산업 생산성 향상. https://www.aitimes.kr/news/articleView.html?idxno=27853

헬로T(2024.4.10). 제조 품질 관리 강화를 위해 AI 활용은 필수다. https://www.hellot.net/news/article.html?no=88850

현대자동차그룹(2024.06.19). 현대모비스, '소리'로 품질 검사하는 AI 시스템 생산현장 첫 적용! https://www.hyundai.co.kr/news/CONT0000000000155018

Clunix(2024.5.8). 제조업에서 인공지능(AI) 활용하기. https://www.clunix.com/insight/it_trends.php?boardid=ittrend&mode=view&idx=799&language=ko

Futuremain(2022.1.14). 제조업의 미래인 AI기반 예지 보전의 중요성. https://blog.naver.com/futuremain/222621777808

HelloT(2024.6.30). [AI 도입과 DX 전략-③] 스마트 제조업 미래, 답은 빅데이터와 AI 융합. https://www.hellot.net/news/article.html?no=91158

HMGdevelopers(2024.2.27). "예지 보전이 뭐길래?" 설비 예지 보전을 위한 PHM 시스템 개발기 (1) – 개념 및 프로세스. https://developers.hyundaimotorgroup.com/blog/152

InterX(2021.2.3). 자동차부품 사출공정 데이터 분석 및 AI 적용사례. htps://interxlab.com/use_case/575

InterX(2022.5.18). 인공지능 기반 프레스 설비 예지 보전 구축 사례.

https://interxlab.com/use_case/5367

Onepredict(2023.2.23). 설비 고장을 미리 알려준다. 'AI 예지 보전' 시장 확산세.
https://ko.onepredict.ai/press/?bmode=view&idx=14314797

Zoominlife(2023.10.20). MarketsandMarkets, 제조 분야 AI 2028년까지 연간 45.6% 성장…빅데이터, 로봇, IoT가 시장 성장 견인.
https://www.zoominlife.com/2367

Chouchene, A., et al.(2020, February). Artificial intelligence for product quality inspection toward smart industries: quality control of vehicle non-conformities. 2020 9th international conference on industrial technology and management (ICITM) (pp. 127-131). Feb 11-13. 2020; Oxford, United Kingdom.

Jamwal, A., et al.(2022). Deep learning for manufacturing sustainability: Models, applications in Industry 4.0 and implications. *International Journal of Information Management Data Insights*, 2(2), 100107, 1-13.

Qualityze(2024.2.15). AI in Quality: Revolutionizing the QMS Industry.
https://www.qualityze.com/blogs/ai-quality-revolutionizing-qms-industry

Wikipedia(2023). Software quality management.
https://en.wikipedia.org/wiki/Software_quality_management

04
유통 예측 인공지능

공장에서 생산된 상품은 고객에게 전달되었을 때 의미를 가진다. 이때 적절한 가격을 가진 높은 품질의 상품을 희망 고객에게 적시에 전달할 수 있다면 이상적일 것이다. 고객 행동 분석 및 추천 시스템, 재고 관리 및 수요 예측, 가격 최적화, 고객 이탈 예측 등에서 인공지능 기반 예측이 어떻게 활용되고 있는지 살펴본다.

고객 행동 분석 및 상품 추천

유통업에서 가장 중요한 것은 단연 고객 행동 분석 및 상품 추천이다. 이 기술은 고객의 구매 패턴과 행동을 분석해 맞춤형 상품을 추천하는 데 필요하다. 고객이 상품을 선택하고 구매하는 과정에서 신속하고 정확한 예측을 통한 추천은 소비자 경험을 향상하고, 고객의 재방문과 충성도를 증가시키는 데 기여한다(Feng, 2023). 유통과 전자 상거래에서 인공지능은 고객이 원하는 상품을 예측하는 데 활용되고 있는데, 판매 증대와 고객 만족을 높이기 위한 중요한 도구로 인식된다. 맞춤형 추천은 기업이 고객 이탈을 막고 새로운 고객을 유치하는 데도 효과적이다.

고객 행동 분석 및 추천 시스템은 주로 협업 필터링(Collaborative Filtering)과 콘텐츠 기반 필터링(Content-Based Filtering) 두 가지 방법으로 구성된다. 협업 필터링은 여러 고객의 행동 데이터를 종합적으로 분석하여 유사한 패턴을 보이는 다른 고객에게 맞춤형 추천을 제공하는 방식이다. 이 방법은 고객의 구매 이력, 클릭한 상품, 검색 기록 등 다양한 상호작용 데이터를 입력받아 유사한 성향을 보인 고객들의 행동을 기반으로 최적의 추천을 도출한다(Wikipedia, 2023a). 반면 콘텐츠 기반 필터링은 고객이 과거에 선호했던 상품의 특징을 세밀하게 분석하여 해당 특징과 유사한 상품을 추천하는 방식으로 작동하며, 특히 고객의 고유한 선호도를 반영해 높은 정확도의 추천을 제공하는 데 강점을 보인다 (Zhang, Q., 2021).

고객 이탈 예측

고객 이탈 예측 기술은 고객의 행동 패턴을 분석해 이탈 가능성이 높은 고객을 미리 파악하고 그에 따른 적절한 조치를 통해 이탈을 방지하는 데 중요한 역할을 한다. 따라서 고객 이탈 예측은 기업의 수익성 향상과 고객 충성도 강화에 매우 중요한 기술로 자리 잡고 있다. 기업은 고객의 구매 이력, 활동 패턴, 웹사이트상의 행동 데이터를 분석함으로써 이탈 가능성이 높은 고객을 예측하여, 고객이 떠나기 전에 적절한 프로모션 혹은 고객 맞춤형 제안 등을 통해 고객 이탈을 막을 수 있다(Suh, 2023).

고객 이탈 예측의 주요 기술로는 이탈 예측 모델링 (Churn Prediction Modeling)과 생존 분석(Survival Analysis)이 있으며, 두 기술 모두 고객의 행동 데이터를 정교하게 분석하여 이탈 가능성을 예측하는 데 중점을 둔다. 이탈 예측 모델링은 과거에 이탈한 고객의 행동 패턴과 특성을 학습하여, 유사한 패턴을 보이는 현재 고객을 식별하는 방식으로 작동한다. 이를 통해 잠재적으로 이탈할 가능성이 높은 고객을 조기에 예측하고 적절한 대응책을 마련할 수 있다. 생존 분석은 고객이 일정 기간 서비스를 이용할 확률을 예측하는 방법으로, 고객의 이탈 시점을 예측하는 데 특히 유용하다. 이 시스템은 고객의 구매 기록, 접속 빈도, 평균 장바구니 크기, 반품 및 불만 기록 등 다양한 입력 데이터를 활용하여, 고객 행동을 다각도로 분석함으로써 이탈 가능성을 정밀하게 예측한다(Wikipedia, 2023b).

유통 경로 최적화

유통 최적화와 경로 계획은 상품을 소비자에게 빠르고 효율적으로 전달하기 위한 필수 기술이다. 유통망을 최적화하고 효율적인 경로 계획을 세운다면 물류 비용을 절감하고 신속한 배송을 가능하게 하여 기업의 경쟁력을 높일 수 있다. 더 나아가 실시간 데이터를 활용해 유통 경로를 조정한다면 유통망 중단과 같이 예기치 않은 상황에도 신속하게 대응할 수 있다(Oracle, 2023).

유통 최적화 및 경로 계획은 다양한 데이터를 기반으로 효율적인 경로를 설계하는 기술이다. 이 과정에서 실시간 도로 교통 상황, 고객 주문, 차량과 운전자 가용성, 물류 창고 위치, 날씨 정보 등이 주요 데이터로 사용된다. 또한 각 차량의 용량과 주행 시간 제한 등도 중요한 요소로 고려된다. 이러한 데이터를 활용해 최적화 알고리즘은 경로를 계획하고, 실시간 교통 상황을 반영해 혼잡 지역을 피하거나 경로를 동적으로 조정한다. 시스템은 각 운전자에게 최적의 배송 경로를 자동으로 배정하여 가능한 한 많은 배송을 짧은 시간 내에 완료할 수 있도록 자원을 효율적으로 배분한다. 경로 계획 과정에서는 연료 소비를 줄이고 배송 시간을 최소화하기 위해 다양한 경로 탐색 알고리즘이 활용된다(Gayialis et al., 2022). 최종적으로 이 시스템은 효율적인 경로와 각 운전자에게 할당된 배차 계획을 제공한다. 이를 통해 실시간으로 배달 상황을 추적할 수 있으며, 고객에게는 예상 도착 시간(ETA)이 전달된다. 배송이 완료된 후에는 자동으로 증빙 자료가 기록되어 배달 과정의 투명성과 관리 효율성이 크게 향상된다(Zeo Route Planner, 2024).

인공지능 의존도를 높이는 유통업

현재 많은 글로벌 기업이 고객 맞춤형 서비스 제공, 생산성 향상, 비용 절감, 시장 예측 등 다양한 분야에서 인공지능 예측을 활용해 혁신적인 변화를 이끌어 내며, 이를 기업의 경쟁력을 높이는 핵심 동력으로 삼고 있다. 글로벌 유통 기업 아마존(Amazon)은 협업 필터링과 콘텐츠 기반 필터링을 결합한 하이브리드 시스템을 통해 고객의 검색 기록과 구매 이력을 분석하고 개인화된 추천을 제공해 매출을 크게 늘리고 있다(Modern Distribution Management, 2022). 글로벌 미디어 플랫폼 기업 넷플릭스(Netflix) 또한 고객의 시청 기록을 바탕으로 비슷한 콘텐츠를 추천하며, 이를 통해 시청 시간을 늘리고 고객 유치를 선점하고 있다(AI Magazine, 2021).

텔레콤 산업에서는 이탈 예측 모델을 활용하여 고객의 불만 사항을 미리 파악하고, 이에 대응하는 맞춤형 서비스를 제공하는 기술이 활성화되어 있다. 예를 들어 고객의 데이터 사용량과 통화 패턴을 분석하여 현재 요금제보다 더 적합한 요금제를 제안하거나 고객의 요구에 맞춘 추가 혜택을 제공함으로써 만족도를 높이는 방법이 자주 사용된다(Somak, S., 2024). 또한 금융 산업의 고객 이탈 예측 기술은 고객의 거래 명세와 자산 변동을 분석하여 고객이 특정 금융 상품에 대한 흥미를 잃거나 활동이 감소하는 패턴을 찾아내어 잠재적인 이탈을 사전에 감지한다. 이를 기반으로 고객에게 개인화된 재무 계획과 맞춤형 투자 기회를 제공하여 재방문율을 높이는 전략을 구사하고 있다(Suh, 2023).

국내 기업 플릿튠(Fleetune)은 유통 최적화를 위해 플롯(FLROT) 서비스를 선보인 바 있다. 플롯은 다수의 목적지를 입력하면 인공지능을 통해 효율적인 배차와 배송 경로를 제공한다. 이 기술은 폐기물 수거, 사무용 가구 판매, 식자재 유통 등 다양한 업종에서 활용되며, 운전자가 배송지 정보를 자동으로 확인하고 정확한 경로를 안내받아 일정한 서비스 품질을 유지할 수 있도록 돕는다(물류신문, 2023). 아마존 역시 유통 최적화를 위해 비전 보조 패키지 검색(VAPR) 기술을 도입해 배송 시간을 대폭 단축하려 하고 있다.

비전 보조 패키지 검색은 바코드 스캐너 없이 인공지능을 사용해 제품을 자동으로 식별하는 기술이다. 아마존은 경로 최적화 내비게이션 소프트웨어와 이를 결합하여 최적의 배송 경로를 설정하고, 배달지에 도착하면 시스템이 자동으로 물품을 식별해 운전자가 필요한 패키지를 쉽게 찾을 수 있도록 돕는다. 아마존은 내년부터 해당 기술을 자사 차량 1000대에 도입할 계획이다(AI타임스, 2024).

감성 인공지능과 로봇을 통한 미래

향후 감성 지능을 갖춘 인공지능이 탑재된 추천 시스템이 도입될 가능성이 크다. 고객의 감정 상태를 실시간으로 분석하고, 이에 맞춰 맞춤형 상품이나 서비스를 제공함으로써 고객 경험을 더욱 향상할 수 있다. 인공지능을 이용하여 고객의 스트레스나 피로 상태를 파악하고 이를 반영한 맞춤형 상품을 추천하는 서비스 기술이 발전함에 따라 고객의 심리적 만족도가 더욱 향상되고, 기업의 매출 증대에도 기여할 것이다.

미래에는 강화학습이나 시계열 분석 기술이 광범위하게 도입되어, 고객 행동 데이터를 실시간으로 학습해 최적의 대응 전략을 제공할 가능성이 크다. 설명 가능한 인공지능(XAI, Explainable AI)과 같은 기술을 결합해 이탈 예측 모델의 결과를 쉽게 이해하고 해석할 수 있게 함으로써 마케팅 요소에 더욱 효과적으로 활용할 수 있을 것이다.

미래에는 자율주행 기술과 드론의 도입으로 유통 경로 최적화가 더욱 자동화될 것으로 예측된다. 이를 통해 물류 비용 절감과 배송 시간 단축이 가능해지며, 특히 비대면 배송 수요 증가에 효과적으로 대응할 수 있을 것이다(KT Enterprise, 2021).

참고문헌

물류신문(2023.06.16). 플릿튠, 물류배송 최적화 '플룻' 기사버전 앱 선보여.
https://www.klnews.co.kr/news/articleView.html?idxno=308545

AI타임스(2024.10.10). 아마존, 배송 시간 30분 줄여주는 AI 도구 공개.
https://www.aitimes.com/news/articleView.html?idxno=164093

KT Enterprise(2021.10.26). KT, 자율주행과 드론 DX, 자율배송로봇에 대하여.
https://enterprise.kt.com/bt/dxstory/899.do

Feng, Y.(2023). Enhancing e-commerce recommendation systems through approach of buyer's self-construal: Necessity, theoretical ground, synthesis of a six-step model, and research agenda. *Frontiers in artificial intelligence*, 6, 1167735.

Gayialis, S.P., et al.(2022). A city logistics system for freight transportation: Integrating information technology and operational research. *Operational research*, 22(5), 5953-5982.

Modern Distribution Management(2022.10.12). Amazon's Secret to AI-Powered Product Recommendations.
https://www.mdm.com/article/tech-operations/technology/amazons-secret-to-ai-powered-product-recommendations/

Oracle(2023.12.4). What Is Supply Chain Optimization?,
https://www.oracle.com/scm/supply-chain-optimization/

Somak, S.(2024). ChurnNet: Deep learning enhanced customer churn prediction in telecommunication industry. *IEEE Access*, 12, 4471-4484.

Steck, H., et al.(2021). Deep learning for recommender systems: A Netflix case study. *AI magazine*, 42(3), 7-18.

Suh, Y.(2023). Machine learning based customer churn prediction in home appliance rental business. *Journal of big data*, 10(1), 41.

Wikipedia(2023a). Collaborative filtering. https://en.wikipedia.org/wiki/Collaborative_filtering

Wikipedia(2023b). Churn prediction. https://en.wikipedia.org/wiki/Churn_prediction

Zeo Route Planner(2024.2.11). Expronto Technologies Inc., Achieving Peak Performance in Distribution with Route Optimization. https://zeorouteplanner.com/peak-performance-route-optimization/

Zhang, Q.(2021). Artificial intelligence in recommender systems. *Complex & Intelligent systems*, 7, 439-457.

05
물류 예측 인공지능

유통이 고객에 대한 판매와 마케팅에 주안점을 둔다면, 물류는 국제 무역과 같이 제품 운송에 더 무게를 두는 분야다. 통상 물류가 유통에 비해 규모가 더 크므로 높은 예측 정확도가 요구된다. 물류 최적화 및 경로 계획, 수요 예측 및 재고 관리, 배송 시간 예측, 공급망 위험 관리 등에서 활약하는 인공지능 예측 사례를 살펴본다.

수요 예측 및 재고 관리

수요 예측이란 제품의 수요에 대해 시기, 물량 등을 추정하는 기법으로, 불확실한 미래를 전제로 합리적 예산 편성과 재고 손실 최소화를 위해 사용된다(Centric Software, 2024). 재고 관리는 수요에 부합하는 효율적 재고 수준 유지를 위한 활동으로, 수요 충족 재고를 유지하면서 현금 보존 측면의 적정 수준 관리를 위해 사용한다(Wikipedia, 2024a). 전통적인 수요 예측은 과거 데이터를 바탕으로 수동으로 이루어지고 시장 트렌드나 변수를 반영하기 힘들기에 인공지능을 활용한 예측 기술은 이러한 기존 방법론을 보완할 수 있다.

전통적인 수요 예측 방법은 과거 판매, 매출 등 내부 데이터와 경제 지표, 소비자 패턴 등 외부 데이터를 기반으로 수동으로 이루어지며 이는 변화하는 시장 상황과 소비자 행동을 즉각적으로 반영하기 어렵다(Wikipedia, 2024b). 이에 따라 재고 과잉이나 부족 현상이 발생하여 비용 증가와 고객 만족도 저하로 이어질 수 있기에 수요 예측 및 공급망 계획에서 인공지능을 활용한 예측 기술을 통해 기존 방법의 문제점을 해결할 수 있다. 인공지능은 방대한 데이터를 실시간으로 분석하여 정확한 수요 예측을 가능하게 하며, 이를 통해 재고 수준을 최적화하고 공급망의 효율성을 높일 수 있다(AlgoGenix, 2024).

물류 및 배송 시스템 자동화

물류 및 배송 시스템 자동화는 제품의 저장, 운송, 포장 등의 물류 활동을 자동화 과정을 통해 효율적으로 수행하는 것을 의미한다. 이러한 자동화는 고객 주문 상품 목록의 분류 시간을 최소화하고 포장 공정에서 자동화를 도입하여 배송 물량을 증진하고 소비자 만족도를 충족시킬 수 있다(≪한국경제≫, 2023). 따라서 물류 및 배송 시스템 자동화는 품질 및 생산성 향상에 큰 영향을 미칠 수 있으며 기업의 생산 효율성 향상과 경쟁력 강화에도 크게 기여한다(이상배, 2009).

물류 자동화 시스템의 주요 구성은 물류 로봇, 컨베이어 벨트, 종합 제어 시스템 소프트웨어로 이루어진다. 구체적으로는 생산된 제품이 컨베이어 벨트를 통해 물류 창고로 이동하고, 물류 창고에서는 물류 로봇이 제어 시스템 소프트웨어를 통해 제품 이동 경로를 파악하고, 시스템 소프트웨어가 수송 및 이동 과정을 최적화하여 관리자 화면으로 전송하는 3단계 구조로 진행된다(나우로보틱스, 2024). 배송 자동화 시스템은 주문이 들어오면 자동으로 재고를 확인하고 채우는 주문 자동 처리와 상품을 자동으로 포장하고 라벨을 붙여 최적 경로로 배송하는 자동 포장 및 라벨링, 실시간으로 재고를 관리하여 재고 부족 혹은 과잉을 방지하는 효율적 재고 관리 기능으로 구성된다(파스토, 2024).

공급망 위험 예측

공급망은 획득한 원재료를 중간재나 최종재로 변환하여 최종 제품을 고객에게 유통하기 위한 조직 및 비즈니스 프로세스의 네트워크다(위키백과, 2022). 그리고 기상이변, 재해, 경제, 정치 등 예측하기 어려운 문제로 인해 공급망 운영에 차질이 생길 가능성을 공급망 위험(risk)이라고 한다. 공급망 위험을 관리하기 위해선 다양한 위협 요소를 사전에 감지하고 대응하는 것이 중요하다. 이때 인공지능을 이용하면 방대한 데이터를 처리하여 추세를 예측할 수 있고, 물류에 대한 실시간 모니터링도 가능하므로 공급망의 의사 결정과 운영 효율성을 개선할 수 있다(IBM, 2024). 따라서 공급망 위험 관리에 인공지능을 활용한 예측이 주목받고 있다.

공급망 위험을 관리하기 위해선 수요 변화를 사전에 예측하여 재고를 조절하고 비용 효율적인 배송 경로를 찾는 작업이 필요하다. 구체적으로 제품에 대한 수요와 소비 추세 데이터를 바탕으로 제품별 수요를 예측하고 이 결과에 따라 재고 수준을 유연히 조절할 수 있다. 이러한 재고 관리는 재고 과잉 또는 부족과 관련된 비용을 최소화할 수 있다. 또한 교통 상황과 날씨, 경로에 따른 연료 소비 데이터를 바탕으로 배송 경로별 비용, 소요 기간을 예측할 수 있다. 이를 기반으로 고객이 배송 기간에 불만을 느끼지 않는 선에서 배송 비용을 최소화하여 공급망 위험을 관리한다(HackerNoon, 2024).

인공지능 물류 관리

대량 주문과 입고가 발생하는 물류 산업에서는 데이터 학습을 통해 거점별 수요 예측 모델을 구현하여 재고 최적화를 실현하고 출고 데이터 분석을 통해 상품의 과잉 재고, 미출고 문제를 방지하여 사업 수익을 최대화할 수 있다(물류신문, 2023). 임팩티브AI의 딥플로우(Deepflow)는 인공지능 기반의 수요 예측 기술을 적용하여 재고, 판매, 생산 관리까지의 과정을 예측하여 대응할 수 있도록 한다. 이에 따라 예측 정확성을 약 70~80% 향상하고 재고 최적화를 통해 30%의 비용 절감 효과를 얻고 있다(hellot, 2024). 또 한미사이언스의 헬스케어 계열사인 온라인팜은 임팩티브AI와 협력하여 수요 예측 인공지능인 딥플로우 포어캐스트(Forecast)를 도입했다. 이를 통해 일반 의약품 60여 개 품목에 대한 판매 수요를 80.1%의 정확도로 예측하고, 재고 관리 및 판매 전략을 최적화하여 재고 비용 절감과 업무 효율화를 달성했다(이코노믹데일리, 2024). 한편 CJ대한통운에서는 스마트 창고 관리 시스템을 전국 물류 센터에 도입하여 자동화된 프로세스로 효율적인 물류 운영을 지원하고 있다(보안뉴스, 2023).

아마존(Amazon) 물류 센터에서는 고카트(Go Kart)라는 제품 운반용 카트와 이를 운반하는 완전 자율 이동 로봇인 프로테우스(Proteus)를 활용하여 상품을 이동한다(CIO, 2022). 기존에는 사람이 운전하는 지게차를 이용해 팔레트 위에 적재된 상품을 이동했지만, 고카트에 상품을 담은 후 프로테우스를 통해 상품을 이동하는 방식으로 물류 운반이 자동화되었다. 이를 통해 무거운 상품을 사람이 직접 옮기는 수고를 덜고 작업 시간도 단축할 수 있었다. 이러한 자동화 기술을 배송과 주문 처리 과정에 적용하려는 움직임도 일고 있다. 배송 자동화 로봇인 카디널(Cardinal)은 인공지능과 컴퓨터 비전을 결합한 로봇 시스템으로, 상품 더미에서 목표 상품을 선택하고 이를 들어 올려 라벨을 읽은 후, 파악한 정보를 기반으로 고카트에 정확하게 상품을 담아 발송 작업을 수행하는 데 활용할 예정이다. 카디널은 배송 프로세스의 초기 단계에서 상품을 분류하여 기존에 사람이 처리하던 것보다 더 빠르게 작업을 수행할 수 있다. 또 협소한 공간에서 크고 무거운 제품을 들어 올리는 작업을 수행할 수 있어 직원의 부상 위험을 줄이는 데 기여할 것으로 기대된다.

월마트는 RFID(Radio-Frequency Identification) 기술을 활용하여 재고를 실시간으로 추적해 공급망의 가시성을 높였다. RFID란 전파를 이용해 먼 거리에서 정보를 인식하는 무선 인식 기술로, 월마트는 이 기술을 통해 제품의 위치와 상태 파악을 자동화하고 실시간으로 감시했다(DBR, 2010). 이를 통해 즉각적인 재고 수요 예측이 가능해져 기존에 월마트가 안고 있던 재고 부족과 잉여 재고 문제를 해결하고 수익을 증대할 수 있었다. 또한 월마트는 데이터 카페라는 빅데이터 분석 센터를 운영하여 대용량 내부 및 외부 데이터 스트림을 모델링하고 시각화하고 있다. 데이터 카페는 빅데이터 분석을 활용하여 데이터와 얽힌 복잡한 비즈니스 문제를 해결하는 데 초점을 두고 있으며 이를 통해 비즈니스 문제 해결에 소요하던 몇 주의 시간을 단 몇 분으로 단축하여 매출 손실을 막을 수 있었다. 구체적인 예시로 특정 제품 카테고리의 매출 감소를 해결한 사례가 있다. 월마트 내에서 판매 중인 특정 식품 카테고리의 매출이 갑자기 감소했고 식료품 팀은 그 이유를 즉각적으로 파악하지 못했다. 데이터 카페에서 분석한 결과, 일부 지역에서만 매출이 급감한 것을 확인했고 가격 계산 오류로 해당 식품 카테고리의 가격이 원래 가격보다 더 높은 가격으로 표시되었음을 빠르게 파악하여 매출 손실을 피할 수 있었다(Forbes, 2017).

물류 예측 인공지능과 자동화

인공지능 기반 분석은 물류 분야에서 과거 데이터, 시장 신호, 외부 요인을 분석하는 알고리즘을 활용하여 수요 변동을 예측하고 재고 수준을 최적화해 시장 동향과 고객 선호도를 분석함으로써 수요 전망을 혁신하고 있다. 이러한 발전으로 인공지능은 글로벌 공급망 생태계 내에서 기업의 운영 방식을 변화시키고 있다(GTT korea, 2024). 물류 창고, 유통 경로에서의 데이터를 수집해 활용하는 사물인터넷(IoT)과 재고 위치를 실시간 데이터와 연계해 사용하는 증강현실(AR) 등의 기술이 통합되어 실시간 데이터 수집과 시각화가 가능해지면서 클라우드 기반 플랫폼을 통해 확장성과 유연성이 지속적으로 향상될 것으로 보인다(임팩티브AI, 2024).

물류 창고에서 사용되는 로봇에 필요한 기술인 인공지능, 컴퓨터 비전, 자율주행 등의 기술은 전통적인 물류기업에서도 활용되고 있다. 이러한 흐름에 따라 물류망을 갖춘 전통 리테일 업체도 최근 자사의 물류망을 이용한 서비스를 제공하기 위해 자동화 기술에 투자를 이어나가며 물류 및 배송 시스템 자동화 기술의 발전이 예상된다. 또한 수요가 전 세계적으로 급격하게 증가하는 데 비해 물류 창고 산업 종사자 수는 그만큼 증가하지 못하고 있으며, 경기 침체에도 불구하고 물가 상승과 임금 상승이 예상되어 물류 업계의 자동화 인공지능 수요도 나날이 높아질 것으로 전망된다(KOTRA, 2022).

한편 공급망 위험 관리 수준 고도화를 위해 생성형 인공지능을 로봇에 접목해 물류를 더욱 자동화하는 방향이 제안되고 있다. 로봇 기반 자동화 전환을 촉진하기 위해서는 로봇이 사람처럼 다양한 물체를 실시간으로 식별하고 작업 환경이나 업무의 변화에 맞춰 신속하고 융통성 있게 동작을 변경해 대응할 수 있어야 한다. 예를 들어 로봇이 카메라를 통해 주변 환경을 스캔한 뒤 이를 텍스트 데이터화하고 생성형 인공지능이 이 텍스트 데이터를 분석해 실행할 작업을 생성하는 방식이다. 이렇게 로봇이 스스로 상황을 인식하고 분석해 작업 수행 명령을 생성한다면 로봇의 활용도가 더욱 커질 수 있고 자동화 영역의 새로운 변화를 불러올 것이다(물류신문, 2024).

참고문헌

나우로보틱스(2024.01.05). 물류 자동화 시스템 구축하기전 알아야되는 사실 알려드림. https://naurobot.com/%EB%AC%BC%EB%A5%98-%EC%9E%90%EB%8F%99%ED%99%94-%EC%8B%9C%EC%8A%A4%ED%85%9C-%EA%B5%AC%EC%B6%95%ED%95%98%EA%B8%B0%EC%A0%84-%EC%95%8C%EC%95%84%EC%95%BC%EB%90%98%EB%8A%94-%EC%82%AC%EC%8B%A4-%EC%95%8C/

물류신문(2023.8.1). 생성형 AI까지 도입…스마트물류 생산성 극대화한다. https://www.klnews.co.kr/news/articleView.html?idxno=309045

물류신문(2024.1). [특별기고] 생성형 인공지능이 가져올 물류혁신. https://www.klnews.co.kr/news/articleView.html?idxno=313329

보안뉴스(2023.4.18). CJ대한통운, 스마트 창고 관리 시스템 LoIS WMS 개발해 물류 IT 선도한다. https://m.boannews.com/html/detail.html?idx=117195

이상배(2009). 물류 자동화 시스템의 효율적인 설계 및 구축 방안에 관한 연구. 국내석사학위논문 한밭大學校 産業大學院.
이코노믹데일리(2024.12.03). 온라인팜, AI 설루션 도입...재고비용 절감과 업무 효율화 성과.
https://www.economidaily.com/view/20241203090817926?
임팩티브AI(2024.12). 인공지능 기반 재고 관리가 가져온 혁신적 가치.
https://impactive-ai.com/clients/ai-powered-inventory-management-best-practices/
파스토(2024). 원스톱 자동화 물류 시스템이 경쟁력 있는 이유는?
https://guide-kr.fassto.ai/8bdef726-df39-4994-8846-d938ca90d7a2
한국경제(2023.7.17). 물류창고 노동자 350만명을 대체할 '자동화'의 비밀[긱스].
https://www.hankyung.com/article/2023071458961
헬로티(2024.9.7). 임팩티브AI, 인공지능으로 수요 예측-재고 관리 모두 가능하다.
https://www.hellot.net/mobile/article.html?no=93322
AlgoGenix(2024.04.21). 재고 관리의 AI: 수요 예측 및 해결.
https://www.algogenix.ai/ko/post/%EC%9E%AC%EA%B3%A0-%EA%B4%80%EB%A6%AC%EC%9D%98-ai-%EC%88%98%EC%9A%94-%EC%98%88%EC%B8%A1-%EB%B0%8F-%ED%95%B4%EA%B2%B0?
Centric Software(2024.4.23). 수요 예측이란?
https://www.centricsoftware.com/ko/blog/how-to-master-ai-demand-forecasting/
CIO(2022.6.23). 아마존, 물류 센터 로봇과 관련 기술 공개.
https://www.cio.com/article/3501622/아마존-물류-센터-로봇과-관련-기술-공개

DBR(2010.3). RFID기술, 공급망 혁명 부른다.
https://dbr.donga.com/article/view/1203/article_no/2787/ac/magazine

GTT Korea(2024.3.29). 인공지능이 재편하는 '물류 산업의 8가지 변화'
https://www.gttkorea.com/news/articleView.html?idxno=9662

HakerNoon(2024.3.29). AI의 잠재력 발휘에 관한 실제 사례 연구: 공급망의 AI.
https://hackernoon.com/lang/ko/%EA%B3%B5%EA%B8%89%EB%A7%9D%EC%97%90%EC%84%9C-AI%EC%9D%98-%EC%9E%A0%EC%9E%AC%EB%A0%A5%EC%9D%84-%EC%8B%A4%ED%98%84%ED%95%98%EB%8A%94-%EC%8B%A4%EC%A0%9C-%EC%82%AC%EB%A1%80-%EC%97%B0%EA%B5%AC

IBM(2024.5.20). 공급망의 AI란 무엇인가요?
https://www.ibm.com/kr-ko/think/topics/ai-supply-chain

KOTRA(2022.10.31). 2022년 물류의 디지털 전환 트렌드와 전망.
https://dream.kotra.or.kr/kotranews/cms/news/actionKotraBoardDetail.do?SITE_NO=3&MENU_ID=180&CONTENTS_NO=1&bbsGbn=243&bbsSn=243&pNttSn=197920

Oracle대한민국(2024.6.6). 공급망 관리/Inventory Management.
https://www.oracle.com/kr/scm/inventory-management/what-is-inventory-management/

Forbes(2017.1.23). Really Big Data At Walmart: Real-Time Insights From Their 40+ Petabyte Data Cloud.
https://www.forbes.com/sites/bernardmarr/2017/01/23/really-big-data-at-walmart-real-time-insights-from-their-

40-petabyte-data-cloud/
Wikipedia(2022). 공급사슬.
https://ko.wikipedia.org/wiki/공급사슬
Wikipedia(2024.5.16b). 수요 예측.
https://ko.wikipedia.org/wiki/%EC%88%98%EC%9A%94%EC%98%88%EC%B8%A1
Wikipedia(2024.6.29a). 재고 관리.
https://ko.wikipedia.org/wiki/%EC%9E%AC%EA%B3%A0%EA%B4%80%EB%A6%AC

06
에너지 예측 인공지능

현대 사회에서 안정적인 에너지 공급의 중요성은 아무리 강조해도 지나치지 않다. 정확한 에너지 수요 예측을 위한 스마트 그리드 운영뿐만 아니라 기후 변화에 대응하기 위한 재생 에너지 예측과 그 과정에서 늘어나는 설비 유지 보수는 필연적으로 인공지능을 활용한 예측을 요구한다. 에너지 분야에서 인공지능 예측이 어떻게 활용되는지 살펴본다.

에너지 수요 예측

에너지 수요 예측은 에너지 생산과 소비를 최적화하기 위한 필수 기술로, 공급망 관리의 핵심이다. 에너지 수요에 대한 정확한 예측을 통해 발전소 운영 효율을 극대화하고, 불필요한 전력 낭비를 줄이며, 에너지 비용 절감에 기여할 수 있다(Eren & Küçükdemiral, 2024). 특히 재생 에너지 비중이 높아지는 현시점에서는 기상 변화, 시간대별 에너지 소비 패턴 등의 불확실성을 고려한 예측이 필요하다. 이를 통해 과잉 공급을 방지하고 정전을 예방할 수 있으며 나아가 지속 가능한 에너지 정책 수립에도 기여할 수 있다(LG경영연구원, 2014).

에너지 수요 예측의 기술적 원리는 주로 과거의 에너지 소비 패턴과 다양한 외부 요인 데이터를 결합하여 미래 수요를 예측하는 방식으로 이루어진다. 이 과정에서 기계학습과 심층학습이 활용되며, 복잡한 상관관계를 파악하고 정밀한 예측을 가능하게 한다. 먼저 입력 데이터로는 시간별 소비량, 온도, 습도와 같은 기상 데이터뿐만 아니라 공휴일 정보, 인구 통계, 산업 생산 지표, 경제 지표 등이 포함된다. 예를 들어 여름철이나 겨울철에는 에어컨 및 난방 사용이 증가하기 때문에 기온과 습도 같은 기상 정보가 수요 예측에 중요한 변수로 작용한다. 인공지능 모델 처리 과정에서는 선형 회귀 모형이나 장단기 기억(Long Short Term Memory) 신경망이 사용되며, 이는 시간에 따른 에너지 수요 변화를 분석하는 데 효과적이다(Wang et al., 2024). 또한 다양한 기계학습을 앙상블하여 더 개선된 성능을 얻을 수도 있다(Junior et al., 2024).

스마트 그리드

스마트 그리드란 전기의 생산, 운반, 소비 과정에 정보·통신 기술을 접목한 것으로 공급자와 수요자가 서로 실시간 정보를 교환함으로써 전력망의 효율성을 높인 지능형 전력망 시스템이다(Wikipedia, 2024). 기존 전력시스템의 경우, 공급자 중심으로 설비를 운영하여 전력공급이 중단되는 것을 대비해 최대 수요량보다 약 15% 이상의 전력을 생산함으로써 에너지 효율이 떨어지고 낭비하는 경우가 많았다(테라에너지, 2023). 이를 해결하기 위해선 실시간 전력 사용 현황을 파악하여 전력량을 통제할 수 있어야 하므로 실시간 데이터 처리를 가능하게 하는 빅데이터 기반 스마트 그리드 운영이 필요하다(블로터, 2011).

스마트 그리드는 전력 생산 지점과 소비 지점 사이의

전력 흐름을 모니터링하고 이 과정에서 실시간으로 발생하는 이벤트를 해결할 수 있도록 전력 흐름을 제어한다(FSP Group, 2022). 실시간 이벤트를 확인하기 위해선 전력 사용에 대한 데이터를 실시간으로 수집해야 한다(Reallin, 2023). 전자식 계량기인 스마트 미터를 활용해 전력 사용자의 전력 사용량 데이터를 실시간으로 전송하고, 이를 에너지 관리 시스템에서 전력 및 기타 에너지 사용량과 생산량 모니터링에 사용한다. 이 결과를 바탕으로 설비와 기기, 저장 시스템을 제어해 효율적으로 에너지를 사용하는 방식으로 스마트 그리드가 운영된다(ETNEWS, 2024).

재생 에너지 예측

태양광, 풍력 에너지를 포함하는 재생 에너지는 자연 조건에 따라 공급량이 크게 변동하는 특성이 있다(Kuster et al., 2017). 날씨, 기온, 바람의 세기와 같은 외부 요인에 의해 에너지 생산량이 예측 불가능하게 변화하기 때문에 정확한 공급 예측이 이루어지지 않으면 에너지 공급 불균형이 발생할 수 있다(Boopathy et al., 2024). 이러한 문제를 해결하는 데 인공지능 기반 재생 에너지 예측이 중요한 역할을 한다. 인공지능은 대규모 기상 데이터와 과거의 에너지 생산 데이터를 분석하여 예측의 정확도를 높이고 이를 통해 전력망 운영을 최적화하고 재생 에너지를 효율적으로 활용할 수 있게 만든다(임팩트온, 2023).

인공지능 기반 재생 에너지 예측은 주로 기계학습과 심층학습을 사용하여 날씨, 기상 조건, 과거 에너지 생산 기록을 학습하여 달성된다. 예를 들어 태양광 발전 예측 모델의 경우, 일사량, 구름 상태, 기온, 습도 등의 기상 데이터를 입력으로 받아 과거 데이터와 비교 분석하고, 풍력 발전 예측에서는 풍속, 풍향 등의 요소가 중요한 변수로 작용한다(Boopathy et al., 2024). 인공지능은 이러한 데이터의 패턴을 분석해 미래의 에너지 생산량을 예측한다(CIO, 2024). 또한 실시간으로 데이터를 반영해 예측을 지속적으로 갱신하여 공급 불규칙성을 줄이고 에너지 관리 시스템을 최적화할 수 있다(전기신문, 2024). 이를 통해 전력망 운영자나 에너지 관리자는 재생 에너지의 변동성을 더 잘 예측하고, 필요시 다른 에너지 자원을 활용해 수요와 공급의 균형을 유지할 수 있다.

인공지능으로 고도화되는 에너지 산업

지멘스(Siemens)는 인공지능 예측 기능을 탑재한 스마트 그리드를 통해 에너지 수요를 예측하고 전력 분배를 최적화하는 시스템을 개발했다(에너지데일리, 2024). 이 시스템은 도시 및 지역 단위에서 에너지 수요와 공급을 실시간으로 모니터링하며, 재생 에너지의 불규칙한 공급을 보완해 전력망의 안정성을 유지한다. 또한 구글(Google)은 데이터 센터의 기온과 서버 가동 상태를 분석하여 냉각 시스템의 가동을 최적화했다(데일리포스트, 2024). 이외에도 에너녹(EnerNOC)과 같은 에너지 관리 기업들은 에너지 수요 예측을 통해 기업의 에너지 사용 패턴을 분석하고 절약 방안을 제시하기도 했다(전기신문, 2019). 이들은 특정 시간대나 계절별 소비 데이터를 분석해 비용 효율적인 에너지 사용 전략을 제안한다(에너지데일리, 2024).

누리플렉스는 양방향 원격 검침(Advanced Metering Infrastructure) 시스템을 활용한 사업을 선보이고 있다. 유선 및 무선 통신을 이용하여 원격에서 에너지 사용량을 실시간으로 검침하고, 양방향 정보 교환을 통해 에너지 사용량을 효율적으로 관리한다(네이버 지식백과, 2024). 실시간 가정 전력 소비 정보를 수집해 가정용 전력 빅데이터를 구축하고 인공지능 예측을 활용해 전력 사용 효율화를 위한 다양한 서비스를 일반 가정에 제공하여 빅데이터를 활용한 스마트 그리드 운영을 기업에서 민간으로 확대할 수 있었다고 한다(≪한국경제≫, 2020).

에너지 IT 소셜 벤처 기업인 식스티헤르츠(60Hz)는 태양광 에너지를 예측하기 위해 대량의 기상 데이터를 실시간으로 분석하여 결과를 제공하는 기상 빅데이터 처리 시스템을 개발했다(≪매일경제≫, 2023). 이 시스템은 일사량에 가장 큰 영향을 미치는 구름의 이동을 예측하는 인공지능을 포함한다. 이와 함께 천리안 2호, 기상 예보 및 관측 데이터 등에서 취합한 기상 빅데이터를 가공하여 실시간 재생 에너지 발전량 예측을 실현했다. 이를 통해 전국 13만 개의 태양광, 풍력, 에너지 저장 장치를 하나의 가상 발전소로 연결하고, 발전소별 재생 에너지 예측을 수행한 대한민국 가상 발전소를 공개하여 주목받기도 했다.

한국전력공사는 재생 에너지 확대에 따른 발전량 출력 변동성에 대응하기 위해 정확도 95% 이상의 재생 에너지 발전량 예측 알고리즘을 자체 개발하여 광역 정전 예방, 과부하 관리 등 송배전망의 안정적 운영에 활용하고 있다. 이 인공지능은 기상 예보 데이터만 입력하면 발전량을 예측할 수 있도록 하여 신속하고 즉각적인 예측이 가능하다(에너지타임즈, 2021).

에너지 수요 예측의 미래

국제에너지기구는 2022년부터 2027년까지 재생 에너지 설비 용량이 약 2400GW 증가할 것으로 전망했다(IEA, 2022). 이는 지난 20년간 증가한 총 재생 에너지 설비 규모에 해당하는 수치로 향후 재생 에너지가 전력 생산에 큰 비중을 차지할 것을 시사한다. 따라서 재생 에너지 발전량을 예측하는 기술 또한 더욱 고도화될 필요성이 있으며 물리적인 발전소보다 가상 발전소가 더욱 주목받을 것으로 예상된다.

스마트 그리드는 수직적 전력 시스템에서 벗어나 소규모 독립형 전력망과 분산 전원 방식과 같은 양방향이면서 수평적인 공급 체계를 마련했다. 이를 통해 전력 등 에너지 자원에 대해 생산과 소비를 동시에 수행하는 에너지 프로슈머가 등장할 수 있는 발판이 마련될 것으로 예상된다(위키백과, 2024). 또한 한국무역협회에 따르면 세계 스마트 그리드 시장은 2021년 360억 달러에서 연평균 18.2% 성장해 2030년에는 약 1600억 달러 규모로 성장할 전망이다. 특히 세계적인 탄소 중립 정책 추진에 따라 신재생, ESS(Energy Storage System, 에너지 저장 체계), 전기차 등 분산 자원 시장이 빠르게 성장하고 통합 발전소, 수요 자원 거래 등 분산 자원 거래 모델 또한 활성화될 것으로 예상된다(정보통신신문, 2023).

미래에는 에너지 수요 예측 기술이 더욱 발전하면서, 더 정밀하고 실시간에 가까운 예측이 가능해질 것으로 기대된다. 특히 스마트시티, 사물인터넷(IoT) 기기의 확산으로 더욱 풍부한 데이터를 활용한 예측 모델이 등장할 것이며, 개인의 에너지 소비 패턴을 예측하여 맞춤형 에너지 절감 설루션을 제공하는 서비스가 확대될 전망이다. 이러한 기술 발전은 전 세계적으로 탄소 배출 감소와 에너지 효율화를 촉진하여 지속 가능한 미래를 실현하는 데 중요한 역할을 할 것이다(LG경영연구원, 2014).

참고문헌

네이버 지식백과(2024). AMI.
https://terms.naver.com/entry.naver?docId=3473286&cid=58439&categoryId=58439

데일리포스트(2024.05.23). 구글, 데이터센터 폐열을 난방에 재사용… "지역수요 80% 커버"
https://www.thedailypost.kr/news/articleView.html?idxno=104831

≪매일경제≫(2023.12.29). 식스티헤르츠, 기상 빅데이터 처리 시스템 개발 완료.

https://www.mk.co.kr/news/it/10909049
블로터(2011.8.16). 빅데이터 분석업체 '스마트그리드' 시장 노려볼 만. https://www.bloter.net/news/articleView.html?idxno=11868

에너지데일리(2024.04.01). 한국지멘스, 최신 스마트 제조 기술 및 산업 트렌드 제시. https://www.energydaily.co.kr/news/articleView.html?idxno=145257

에너지타임즈(2021.8.27). 한전 재생E 발전량 예측…정확도 95% 이상 달성. https://www.energytimes.kr/news/articleView.html?idxno=60256

임팩트온(2023.11.21). 인공지능으로 발전량 예측한다… GE버노바, 재생에너지 최적화 설루션 출시. https://www.impacton.net/news/articleView.html?idxno=10352

전기신문(2019.03.29). 종합 에너지 설루션기업으로 거듭 난 '에넬엑스코리아' https://www.electimes.com/news/articleView.html?idxno=176308

전기신문(2024.10.22). GS, AI 머신러닝으로 풍력 발전 예측 오차율 한 자릿수 달성. https://www.electimes.com/news/articleView.html?idxno=344775

정보통신신문(2023.2.20). 안정적 전력 수급 대응 '스마트그리드'에서 답 찾다. https://www.koit.co.kr/news/articleView.html?idxno=109833

테라에너지(2023.1.27). 제 2차 전력혁명이라 불리는 스마트그리드(SmartGrid).
http://www.teraenergy.co.kr/news/%EC%A0%9C-2%EC%B0%A8-%EC%A0%84%EB%A0%A5%ED%98%81%EB%AA%85%EC%9D%B4%EB%9D%BC-%EB%B6%88%EB%A6%AC%EB%8A%94-%EC%8A%A4%EB%A7%88%ED%8A%B8%EA%B7%B8%EB%A6%AC%EB%93%9Csmartgrid/?sca=%EA%B8%B0%ED%83%80

≪한국경제≫(2020.12.8). 누리텔레콤, 그린뉴딜 가정용 스마트전력 플랫폼 사업자 선정.
https://www.hankyung.com/article/202012086309i

CIO(2024.6.10), '재생 에너지 사업에 인공지능을 더하니...' 美 전력 기업 AES 성공 사례.
https://www.cio.com/article/3504470/%EC%9E%AC%EC%83%9D-%EC%97%90%EB%84%88%EC%A7%80-%EC%82%AC%EC%97%85%EC%97%90-ai%EB%A5%BC-%EB%8D%94%ED%95%98%EB%8B%88-%E7%BE%8E-%EC%A0%84%EB%A0%A5-%EA%B8%B0%EC%97%85-aes-%EC%84%B1.html

ETNEWS(2024.10.25), [ESG칼럼] 스마트그리드와 기후대응.
https://www.etnews.com/20241025000133

LG경영연구원(2014.8.19). 청정 에너지 혁명, 다시 탄력 받고 있다.
https://www.lgbr.co.kr/report/view.do?idx=18643

Wikipedia(2024), 스마트 그리드,
https://ko.wikipedia.org/wiki/스마트_그리드

Boopathy, P., et al.(2024). Deep learning for intelligent demand response and smart grids: A comprehensive survey. *Computer science review*, 51, 100617.

Eren, Y. & Küçükdemiral, İ.(2024). A comprehensive review on deep learning approaches for short-term load forecasting.

Renewable and sustainable energy reviews, 189, 114031.
FSP Group(2022.12.20). Building the Smart Grid: 5 Smart Grid Solutions You Should Know. https://www.fsp-group.com/en/knowledge-prd-56.html
IEA(2022.12). Renewables 2022: Analysis and forecast to 2027. https://iea.blob.core.windows.net/assets/ada7af90-e280-46c4-a577-df2e4fb44254/Renewables2022.pdf
Junior, M. Y., et al.(2024). Optimized hybrid ensemble learning approaches applied to very short-term load forecasting. *International journal of electrical power&energy systems*, 155, 109579.
Kuster, C., et al.(2017). Electrical load forecasting models: A critical systematic review. *Sustainable cities and society*, 35, 257-270.
Reallin(2023.9.18). What Is The Difference Between Smart Grid And Smart Meter. https://www.reallin.com/news/what-is-the-difference-between-smart-grid-and-70800285.html
Wang, C., et al.(2024). Load forecasting method based on CNN and extended LSTM. *Energy reports*, 12, 2452-2461.

07
교통 예측 인공지능

일상적으로 인공지능의 발전과 적용을 가장 크게 실감할 수 있는 부분은 스마트시티다. 그리고 스마트시티를 실현하기 위해서는 인공지능을 통한 교통량 예측, 자율주행, 최적화된 대중교통, 자동화된 물류와 배송이 필수며, 이들은 모두 교통 예측 인공지능과 밀접하게 연관되어 있다. 교통에 활용되는 인공지능에는 무엇이 있는지 살펴본다.

스마트 교통

스마트시티 교통 기술은 스마트시티의 핵심 구성 요소로, 도시의 교통 시스템을 효율적으로 운영하기 위해 디지털 기술과 데이터를 활용한다(Wikipedia, 2024). 도시 인구의 급격한 증가로 인해 출퇴근 시간대 교통 혼잡이 심화되었고 이는 시민들의 시간 낭비와 에너지 소비를 증가시킨다. 이러한 문제를 해결하기 위해 정보통신기술(ICT)을 활용하여 교통 데이터를 실시간으로 분석하고 최적화하는 시스템이 도입되고 있다. 이러한 기술은 교통 혼잡을 줄이고 대중교통의 효율성을 높이며, 이동 시간을 단축하는 데 큰 역할을 한다. 또 원활한 차량 흐름 유지, 이산화탄소 배출량 감소 등의 친환경적 효과도 기대할 수 있다(문예슬, 2021).

도로에 설치된 센서, 카메라, GPS 기기 등을 통해 실시간 교통 데이터인 차량의 위치, 속도, 대중교통의 운행 상태 및 사고 정보 등을 수집한다. 예를 들면 교통 카드 사용 이력(승객의 탑승 및 하차 정보), 통신사 유동 인구 데이터(지역별 인구 이동 패턴), 신용 카드 사용 데이터(승객의 이동 및 소비 행동)를 수집한다. 심층신경망에 하차 정보 데이터를 학습하여 하차 정보가 없는 승객의 하차 지점을 예측하고 예측이 어려운 경우, 거주지 추정

방식을 통해 승객의 거주지를 기반으로 하차 지점을 추정한다. 또한 동일 정류장에서 탑승한 다른 승객의 하차 패턴을 분석하여 하차 지점을 추정한다. 결론적으로 승객의 하차 지점과 하차 인원을 예측하고, 이를 통해 교통 수요를 파악하며 잠재 수요를 도출한다. 따라서 각 노선 및 정류장별 승객의 하차 지점과 하차 인원에 대한 예측 정보를 바탕으로 대중교통 노선 개편 및 운영 효율화를 위한 조치가 가능하다. 교통 수요 분석 결과를 지자체와 대중교통 운영사에 제공하여 노선 재편성 및 서비스 개선에 활용할 수 있다(대한민국 정책브리핑, 2024).

교통량 예측 및 최적화

교통량 예측 및 최적화는 현대 교통 문제 해결의 핵심 기술로, 교통 혼잡을 줄이고 이동 시간을 단축하며 에너지를 절감하기 위해 필수적이다. 도시화와 차량 대수가 증가하면서 도로의 혼잡도가 높아지고 이에 따른 경제적 손실 및 환경오염 문제가 심각해지고 있다(서울환경연합, 2023). 2023년 기준으로 서울시의 교통 혼잡 비용이 약 7조 원에 이르는데, 이는 GDP의 약 2%에 해당한다(퍼센트, 2023). 이를 해결하기 위해 교통량을 실시간으로 예측하고 최적화하여 차량 흐름을 효율적으로 관리하는 것이 중요하다. 특히 한국과 같은 교통 밀집 지역에서는 효율적인 교통 관리가 시민의 삶의 질과 경제적 생산성에 큰 영향을 미친다(뉴스펭귄, 2024).

교통량 예측 시스템은 교통 관련 데이터를 입력받아, 이를 분석하고 예측된 교통 정보를 출력하는 형태로 동작한다. 입력 데이터는 주로 교통 센서, 차량 GPS, CCTV 영상, 대중교통 카드 사용 정보 등 다양한 출처에서 수집된다. 인공지능은 이러한 데이터를 학습하여 교통량을 예측하는데, 주로 사용하는 방법론으로는 인공신경망이 있다(Shin, 2020). 그중 장단기 기억(Long Short Term Memory) 신경망은 시간에 따른 데이터 패턴을 학습하는 데 탁월하여 교통량 예측에 효과적이다(Karimzadeh et al., 2021). 데이터 전처리를 통해 교통 데이터의 노이즈를 제거하고 주요 특징을 추출한 후 학습된 모델이 미래 교통량을 예측한다. 이를 통해 교통 혼잡이 예상되는 시간과 구간을 사전에 파악하여, 교통 신호 체계 조정이나 경로 우회 안내 등의 대응이 가능하다(Yang et al., 2019).

자율주행

현재 모빌리티 산업에서 가장 주목받고 있는 분야는 자

율주행 기술이다. 자율주행차란 인간의 개입 없이 주변 환경을 인식하고, 주행 상황을 판단하여 스스로 주행이 가능한 차량(FESCARO, 2022)으로 센서, 시각 지능 및 고정밀 지도 데이터 등의 기술이 결합한 시스템이다. 자율주행은 교통사고를 줄이고 교통 혼잡을 완화하며 이동의 자유도를 향상하는 등 여러 장점이 있어 필요한 기술로 주목받고 있다(IRS Global, 2024). 특히 고령화 사회로의 진입, 물류 산업의 자동화 수요 증가 등으로 인해 자율주행의 필요성은 점점 커지고 있다.

자율주행차는 카메라, 라이다(LiDAR), 레이더, 초음파 센서를 통해 도로와 주변 환경의 데이터를 수집하며 해당 정보에는 도로의 차선, 신호등, 차량, 보행자, 장애물 등이 포함된다(Kim et al., 2022). 실시간 객체 탐지 모델을 활용하여 빠르게 이미지를 분석함으로써 차량이 주행 중에 어떤 물체가 있는지 파악할 수 있게 한다(Lim, 2021). 인식된 객체의 위치와 종류를 데이터로 변환하여 강화학습을 통해 최적의 주행 전략을 결정할 수 있도록 하며 장단기 기억 신경망 등을 활용해 차량의 주행 패턴 및 주변 객체의 움직임을 예측하여 미래 상황을 시뮬레이션하고, 차량 행동을 계획하여 다음 단계에서 실행할 주행 경로와 행동 계획을 도출한다.

스마트시티와 교통 AI

교통량 예측 및 최적화 기술 또한 이미 다양한 산업에서 활용되고 있다. 서울시는 스마트 교통 관리 시스템을 도입하여 교통량을 실시간으로 모니터링하고, 인공지능을 이용해 혼잡도를 예측하여 교통 신호를 최적화하고 있다. 또한 네이버 지도와 카카오내비 등은 인공지능 기반 교통량 예측을 통해 사용자가 목적지에 가장 빠르게 도착할 수 있는 경로를 안내한다(브런치스토리, 2018). 택시 호출 서비스인 카카오T는 예측된 교통 상황에 맞춰 최적의 배차를 통해 서비스 효율성을 극대화하고 있다. 싱가포르의 지능 교통 시스템은 교통 혼잡 문제 해결의 대표 사례다. 이 시스템은 다양한 기계학습, 심층학습 기술을 통합하여 교통량을 실시간으로 관리하고 최적화하는데 그중 하나가 전자 요금 징수 시스템이다. 이는 차량 흐름에 따라 도로 통행료를 실시간으로 조정하여, 혼잡한 구간의 교통량을 줄이는 데 기여한다. 이를 통해 싱가포르는 세계 주요 도시 중에서 상대적으로 혼잡도가 낮은 편으로 평가받고 있다.

스마트시티의 핵심인 스마트 대중교통 시스템은 전 세계적으로 도입되고 있다. 예를 들어 런던의 오이스터 카드(Oyster Card)는 대중교통 데이터를 실시간으로 수집하여 수요를 예측하고 차량 흐름을 개선하고 있다(Wikipedia, 2024). 뉴욕의 MTA 시스템은 대중교통 서비스의 효율성을 높이기 위해 다양한 교통수단을 통합하는 방식을 추구한다. 핀란드 헬싱키의 마스(MaaS, Mobility as a Service) 플랫폼은 대중교통, 차량 공유, 자전거 대여 등을 하나의 애플리케이션에서 통합 관리하여 이용자가 최적의 교통수단을 선택할 수 있게 한다. 서울시는 자율주행 버스와 인공지능 기반 신호 제어 시스템을 도입해 교통 혼잡을 줄이고 대중교통의 효율성을 높이고 있다. 자율주행 차량의 도입과 더불어, 실시간 교통 데이터 분석을 통해 최적화된 신호 체계를 구현하여 도심 내 혼잡을 최소화한다(Parsons, 2023). 이러한 사례들은 스마트 교통 시스템이 실시간으로 데이터를 활용하여 교통 문제를 해결하는 데 중요한 역할을 하고 있음을 보여 준다.

스마트시티에서 자율주행을 빼놓을 수 없을 것이다. 테슬라는 자율주행 기술의 선두 주자로 오토파일럿과 완전자율주행(FSD, Full Self-Driving) 기능을 통해 자율주행을 지원하며, 2023년 기준 100만 대 이상의 차량에 탑재되었다. 중국 IT 기업인 바이두는 2022년 아폴로 6세대 자율주행차(Global Auto News, 2024)를 공개하고 베이징, 충칭, 우한 등에서 자율주행 택시 서비스를 운영하고 있으며 2024년까지 중국 전역에서 자율주행 택시 서비스의 확대를 목표로 하고 있다. 제너럴 모터스(GM)의 자율주행 자회사인 크루즈(Cruise)는 캘리포니아주와 네바다주에서 540대의 자율주행차를 운영 중이다. 현대자동차는 자율주행 전문 자회사 모셔널(Motional)을 통해 2023년부터 미국 라스베이거스에서 자율주행 택시 서비스를 시험 주행하고 있으며, 2024년 말까지 상업용 서비스로 확대할 예정이다(MToday, 2023). 이처럼 전 세계의 IT 기업과 자동차 제조사들은 자율주행차 기술의 상용화를 위해 치열한 경쟁을 벌이고 있다(인사이트 42, 2024).

인공지능으로 강화될 스마트 교통 체계

미래에는 교통량 예측 및 최적화 기술이 자율주행차와 결합하여 더욱 발전할 것으로 보인다. 자율주행차는 교통 데이터를 실시간으로 수집하고 이를 바탕으로 최적의 주행 경로를 선택하여 교통 혼잡을 줄일 수 있다(NVIDIA Korea, 2019). 5G와 사물인터넷(IoT) 기술의 발전으로 차량 간 통신이 활성화되면서, 차량 흐름을 더욱 정밀하게 제어하고 예측할 수 있을 것으로 기대된다

(기술 트렌드와 뉴스, 2023).

글로벌 자율주행차 시장은 빠르게 성장하고 있으며 2023년 약 233억 달러에서 2030년 1332억 달러 규모로 연평균 22%의 성장이 예측된다(Markets and Markets, 2024). 미국, EU, 중국 등은 자율주행차 상용화를 위해 규제를 개정하고 시범 사업을 확대하며 시장 활성화에 박차를 가하고 있다.

미래 스마트시티 대중교통은 자율주행 기술과의 결합을 통해 더욱 혁신적으로 발전할 것으로 예상된다. 자율주행 대중교통 수단이 도입되면 교통 혼잡이 줄어들고, 운행 효율이 극대화될 것이다. 또 인공지능 기반 예측 모델의 고도화로, 대중교통 운영의 자동화와 최적화가 더욱 정밀하게 이루어질 전망이다. 더불어 교통 시스템 간 상호작용을 통해 통합적인 관리가 가능해져 대중교통의 지속 가능성과 효율성은 한층 더 강화될 것이다. 스마트시티 기술은 앞으로도 도시의 교통 문제 해결에 중요한 역할을 할 것이며 더욱 광범위하게 확산될 것이다.

참고문헌

기술 트렌드와 뉴스(2023). 5G와 IOT가 만나는 곳, 지능형 교통 시스템의 혁신.

https://dunmitre.tistory.com/entry/5G%EC%99%80-IoT%EA%B0%80-%EB%A7%8C%EB%82%98%EB%8A%94-%EA%B3%B3-%EC%A7%80%EB%8A%A5%ED%98%95-%EA%B5%90%ED%86%B5-%EC%8B%9C%EC%8A%A4%ED%85%9C%EC%9D%98-%ED%98%81%EC%8B%A0

뉴스펭귄(2024). 혼잡통행료 "절반만"…"대신 차량혼잡→기후역행은 참아라?"
https://www.newspenguin.com/news/articleView.html?idxno=15842

대한민국 정책브리핑(2024.02.21). 버스 승객 하차 지점·인원 99%까지 예측 AI 개발.
https://www.korea.kr/news/policyNewsView.do?newsId=148926137

문예슬(2021). 스마트시티와 스마트 모빌리티 적용 사례. ≪TTA저널≫, 197, 78-85.

브런치스토리(2018). [카카오AI리포트]카카오내비 예측의 정확성 그리고 AI.
https://brunch.co.kr/@kakao-it/193

서울환경연합(2023). 서울시 교통혼잡비용 14조 달해, 혼잡통행료 강화해야.
https://seoulkfem.or.kr/newsroom/?bmode=view&idx=17187174

인사이트42(2024.02.26). 자율주행차 시장, 2030년 177조 규모 전망… '장점'보다는 '단점' 보완이 시급.
https://www.tech42.co.kr/%EC%9E%90%EC%9C%A8%EC%A3%BC%ED%96%89%EC%B0%A8-%EC%8B%9C%EC%9E%A5-2030%EB%85%84-1%EC%A1%B0-%EB%8B%AC%EB%9F%AC-%EA%B7%9C%EB%AA%A8-%EC%A0%84%EB%A7%9D-%EC%9E%A5%E

C%A0%90%EB%B3%B4%EB%8B%A4/
퍼센트(2023). 서울의 심각한 교통체증.
https://percent.ac/localproblem/?bmode=view&idx=14680654
FESCARO(2022.10.05). 자율주행자동차 동향.
https://www.fescaro.com/ko/archives/609/
Global Auto News(2024.10.11). 중국 바이두, 로보택시 '아폴로 고' 해외 진출 계획 발표.
http://global-autonews.com/bbs/board.php?bo_table=bd_034&wr_id=1902
IRS Global(2024.06.13). 진화하는 자율주행차 기술과 미래 전망.
https://www.irsglobal.com/bbs/rwdboard/23001
Markets and Markets(2024). 시장조사 업체 마켓앤마켓의 자율주행차 리포트.
https://www.marketsandmarkets.com/report-search-page.asp?rpt=autonomous-vehicle-market
MToday(2023.10.10.). “3개월 내 선보인다” 현대차 모셔널, 미국서 자율주행 로보 택시 무인화 최종 테스트.
https://www.autodaily.co.kr/news/articleView.html?idxno=510239
NVIDIA Korea(2019). 자율주행 자동차는 어떻게 경로를 인식할까?
https://blogs.nvidia.co.kr/blog/drive-labs-path-perception/
Karimzadeh, M., et al.(2021). Reinforcement learning-designed LSTM for trajectory and traffic flow prediction. 19th IEEE Wireless communications and networking conference, March 29-April 1, 2021; Nanjing, China
Kim, S., Kim, et al.(2022). Autonomous driving technology trend and future outlook: Powered by artificial intelligence.

Transactions of the korean society of automotive engineers, 30(10), 819-830
Lim, H.(2021). Overview of image-based object recognition AI technology for autonomous vehicles. *Journal of the Korea institute of information and communication engineering*, 25(8), 1117-1123.
Parsons(2023). How AI is Changing The Way We Move. https://www.parsons.com/2023/08/the-future-of-transportation-how-ai-is-changing-the-way-we-move/
Shin,D.H., et al.(2020). Prediction of traffic congestion based on LSTM through correction of missing temporal and spatial data. *IEEE access*, 8, 150784-150796.
THE ASEAN POST(2024). Smart Nation: Singapore's Intelligent Transport System (ITS). https://theaseanpost.com/article/smart-nation-singapores-intelligent-transport-system-its
Wikipedia(2024). Smart city. https://en.wikipedia.org/wiki/Smart_city
Yang, B., et al.(2019). Traffic flow prediction using LSTM with feature enhancement. *Neurocomputing*, 327(7), 320-327.

08
기후 예측 인공지능

지구촌 곳곳에서 이상 기후가 관측되고 있다. 수백 년 동안 메말라 있던 지역에서 폭우가 쏟아져 재산 피해를 야기하기도 하고, 때 아닌 폭염으로 노약자가 목숨을 잃는 일이 일어나기도 한다. 인공지능을 통해 기후를 예측할 수 있다면 인명 피해 방지는 물론 인류의 존속에도 기여할 수 있을 것이다. 기후 변화 예측, 환경 모니터링 및 예측, 재해 예측 및 경고 시스템 등에서 활용되는 인공지능 예측 사례를 살펴본다.

기후 예측

기후 변화에 관한 정부 간 협의체의 보고서에 따르면 기후 변화 심화는 이상 기후 현상, 해수면 상승, 생태계 변화를 가속하여 인간 사회에 직접적인 위협이 되고 있다(IPCC, 2023). 이때 인공지능을 활용하여 기후 변화에 따른 위험과 적응 전략을 예측하고 맞춤화할 수 있다(Cheong et al., 2022).

인공지능 기반 기후 예측에서는 입력 데이터로 위성, 기상 관측소, 해양 그리고 지상 관측 데이터 등이 주로 활용된다. 이러한 데이터는 전처리 과정을 거치며(Sebestyén et al., 2021; Bochenek, B. & Ustrnul, Z., 2022), 기계학습을 통해 기후 패턴을 학습하고 예측한다(Satish et al., 2023). 심층학습을 활용하면 기후 데이터에서 패턴을 학습하여 예측을 수행할 수 있고(Moghanlo et al., 2021), 위성 영상과 같은 영상 데이터에서 특징을 추출하는 데 효과적이며 시계열 데이터에 대한 예측도 가능해진다(Guo et al., 2024). 생성형 모델은 기후 데이터 샘플을 생성하거나 시뮬레이션을 통해 기후 변화를 예측한다(주간경향, 2024).

환경 모니터링 및 예측

환경 모니터링 및 예측 기술은 다양한 센서 및 인공위성 데이터를 수집하여 대기, 수질, 토양, 생태계 등의 환경 상태를 실시간으로 모니터링하고, 환경 요소의 오염 상황을 탐지해 내는 기술이다(Lovett et al., 2007). 최근 기후변화의 영향이 확대됨에 따라 환경 모니터링 및 예측 기술의 중요성이 더욱 부각되고 있다(≪한겨레≫, 2024).

기후 예측을 위해 위성, 사물인터넷(IoT), 드론, 지상 센서, 기상 관측 장비 등으로 대기, 수질, 토양, 생태계와 관련된 다양한 데이터를 수집할 수 있다(Arabelli et al, 2024). 이 데이터는 CO_2 농도, 미세 먼지 수준, 수질의 pH 지수, 오염 물질 농도 등 다양한 환경 변수를 포함한다(Ullo, S. L. & Sinha, G. R., 2020). 수집된 데이터는 표준화된 형식으로 변환한 뒤 심층학습에 활용한다(Zhang et al., 2021). 이때 심층신경망은 학습 과정에서 영상의 픽셀을 기준으로 패턴을 학습하는 데 특화되어 있어(Zhang et al., 2018), 토지 영상에서 토지 변화, 침수 가능성, 협곡 침수 가능성 등을 세밀하게 예측할 수 있다(Himeur et al., 2022). 또 강의 퇴적물과 수역 영상을 심층신경망에 학습시켜 강의 퇴적물 변화와 반사도 변화를 바탕으로 수질 오염 정도를 분류할 수도 있다

(Yang et al., 2022).

재해 예측 및 경고

자연재해를 조기에 예측하고 경고하여 피해를 최소화하기 위해서는 재해 예측 및 경고 시스템이 필요하다(Climate Change AI, 2022). 재해에 대한 데이터의 양과 복잡성이 증가하면서, 인공지능과 빅데이터 분석이 결합한 예측 모델에 대한 수요가 증가하고 있다. 이러한 인공지능은 위험 수준이 높아질 때 조기에 경고를 전달함으로써 자연재해로 인한 인명 피해와 경제적 피해를 줄일 수 있다(Zhang et al., 2022).

재해 예측 시스템은 위성, 드론, 지상 관측 센서에서 기상 정보, 지형 특성, 해양 데이터 등의 정보를 대규모로 수집한다. 예를 들어, 홍수 예측에서 기후 데이터는 강수량, 온도, 수위 변동 등을 포함하며, 이러한 요소들이 과거의 홍수 발생과 어떤 상관관계를 보이는지 학습한다. 다음으로 입력된 데이터를 인공지능을 통해 분석하고 처리한다. 심층신경망을 활용하면 영상 전반의 맥락을 파악함으로써 재해의 징후가 나타나는 구역에 대한 정밀한 탐지가 가능해진다. 분석 결과는 대피 경고, 대피 지도, 실시간 알림 등의 형태로 제공되어 주민과 구조대에 신속히 전달됨으로써 피해를 줄인다(Shianios et al., 2024; Makhija, A., 2024).

기후 변화 예측 산업과 AI

빅데이터와 인공지능 기반 기후 예측 기술은 다양한 산업 분야에서 활발하게 적용되고 있다. 대표적인 사례로 구글의 뉴럴GCM과 그래프캐스트, 엔비디아의 어스-2, 마이크로소프트(Microsoft)의 클라이맥스, 화웨이의 판구웨더(Pangu-Weather)가 있다. 뉴럴GCM은 기존의 물리학과 여러 방정식을 통해 날씨를 시뮬레이션하는 방식을 학습시킨 인공지능이다(Kochkov et al., 2024). 그래프캐스트는 인공지능을 활용하여 기존 기상 예측 모델보다 저비용으로 경쟁력 있는 성능을 달성했다(Lam et al., 2022). 어스-2는 지구 전체를 디지털 트윈으로 구현한 것이다. 이를 위해 대기, 지하수, 해양, 담수 등 물의 순환 흐름을 예측하기 위한 인공지능인 포캐스트넷을 개발했다(Dabrowski et al., 2020). 이후 자체 개발한 물리 법칙 학습 프레임워크인 모듈러스와 자체 3D 플랫폼 옴니버스를 통해 어스-2를 완성했다(에이빙, 2022). 클라이맥스는 다양한 기후 변화를 모형화하는 데 특화된 인공지능이다. 온도, 습도와 같은 기상 변수와 위성

이미지, 각국의 기상청에서 제공하는 영상을 바탕으로 기후를 예측한다(Nguyen et al., 2023). 판구웨더는 유럽 중거리 일기 예보 센터와 협력하여 중거리 예보를 중심적으로 학습한 인공지능이다(Bi et al., 2023).

환경 모니터링 및 예측 기술은 여러 산업에서 실질적인 문제 해결에 사용되고 있다. IBM의 환경 지능 스위트는 인공지능과 기후 빅데이터를 결합해 대기질, 기후 위험, 온실가스 배출량 등을 모니터링하고 예측한다. 브라질의 번지바이오에너지아(Bunge Bioenergia)와 스페인의 카자마르(Cajamar)는 농작물 생산량 관리에 기후 예측 기술을 활용한다(IBM, 2021). 또 사물인터넷을 통해 수집된 환경 데이터가 인공지능과 결합하여 대기질, 수질, 토양 상태 등을 실시간으로 모니터링하는 시스템을 구축함으로써 도시 공공 기관 및 민간 기업에서 환경 오염 탐지에 사용되기도 한다(Arabelli, Rajeshwarrao, et al., 2024).

구글 홍수 허브(Google Flood Hub)는 전 세계 80여 개국에서 약 4억6000만 명에게 홍수 예측 데이터를 제공하는 고도화된 시스템으로, 위성 데이터를 바탕으로 홍수 가능성을 최대 7일 전까지 예측한다. 이 시스템은 2022년 홍수 경고를 통해 수천 명의 주민이 조기에 대피

할 수 있도록 했으며, 특히 위험 지역 거주민의 안전을 도모하는 데 기여했다(Google AI, 2023). CREWS(Climate Risk and Early Warning Systems) 이니셔티브는 세계기상기구(WMO) 주도로 2022년에만 1억1100만 명 이상을 기후 재해로부터 보호하는 데 기여한 글로벌 프로젝트다. 실제 사례로, 중앙아프리카의 한 지역에서는 조기 경보로 수천 명의 주민이 대비할 수 있었으며, 조기 경보 시스템에 대한 접근성 확대가 인명과 재산 보호에 큰 효과를 주기도 했다(WMO, 2022).

드론, 사물인터넷으로 확보되는 기후 안전

한국기상산업기술원에 따르면 세계의 기상 예보 서비스 시장은 2021년 30억8528만 달러에서 2028년 58억3504만 달러 정도로 연평균 9.72%의 성장이 전망된다고 보고했다(조선비즈, 2023). 기상 예보 서비스 시장 규모뿐만 아니라 간접적으로 연관된 농축산업의 수요도 증가할 것이기 때문에 인공지능 및 빅데이터 기반 기후 예측의 수요는 지속적으로 증가할 전망이다.

IBM은 나사(NASA)와 협력해 인공지능 기반 기후 모델을 개발하고 있으며, 기후 변화로 인한 위협을 실시간으로 분석하고 예측하는 능력을 강화하고 있다. 이 인공지능은 기후 데이터를 활용하여 폭염, 산불, 홍수와 같은 재난 발생 가능성을 예측하며, 이를 통해 기업이 신속하고 정교하게 대응할 수 있도록 한다.

최근의 인공지능은 사물인터넷에 연결된 센서로 수집한 데이터를 클라우드 또는 에지 컴퓨팅에 연동해 즉각적이고 구체적인 경고가 가능하다(IEEE, 2024; Pierleoni, P. et al., 2022). 드론과 로봇은 재해 지역에서 신속한 구조와 물자 지원을 통해 복구와 사회적 복원력 강화에 기여한다(DeFour Analytics, 2024). 이로써 AI-사물인터넷 시스템은 지역별 특성에 맞춘 맞춤형 대응을 제공하는 통합적 재해 대응 시스템으로 발전하고 있다. IBM은 COP28에서도 이러한 기술 발전 방향을 제시하며 환경 지속 가능성을 위한 인공지능의 역할을 강조하고 있다(IBM, 2023). 이러한 시스템은 드론, 로봇, 사물인터넷, 에지 컴퓨팅 등과의 연동으로 자연재해 발생 시 즉각적인 대응을 지원하고, 에너지 관리 및 자원 최적화를 통해 다양한 환경 문제에 대한 종합적인 해결 방안을 제공하는 데 활용될 것으로 전망된다(IBM, 2024).

참고문헌

에이빙(2022.08.10). 엔비디아, 새로운 옴니버스 출시… "새로운 도구, 기술 및 협업 통해 3D 인터넷으로 도약!"
https://kr.aving.net/news/articleView.html?idxno=1770584

조선비즈(2023.08.16). 기후재난에 주목받는 'AI 기상예측모델'… 불붙은 빅테크 개발 전쟁.
https://biz.chosun.com/it-science/ict/2023/08/16/FHPKF5MSBRDPFN6WJWFYH3P7VA

주간경향(2024.3.23). 기후변화 대응하는 'AI 기술'
https://m.weekly.khan.co.kr/view.html?med_id=weekly&artid=202408161600001&code=#c2b

≪한겨레≫(2024.07.09). 기후변화, 국민이 꼽은 가장 중요한 환경문제 1위로.
https://www.hani.co.kr/arti/society/environment/1148351.html

Arabelli, R., et al.(2024). IoT-Enabled Environmental Monitoring System Using AI. In proceedings of the 2024 International Conference on Advances in Computing, Communication and Applied Informatics (ACCAI), May 9-10, 2024, Nadu, India, pp.1-6.

Arabelli, Rajeshwarrao, et al.(2024). IoT-enabled environmental monitoring system using AI. 2024 International Conference on Advances in Computing, Communication and Applied Informatics (ACCAI). IEEE, 2024.

Bi, K., et al.(2023). Accurate medium-range global weather forecasting with 3D neural networks. *Nature*, 619(7970): 533-538.

Bochenek, B. & Ustrnul, Z.(2022). Machine learning in weather prediction and climate analyses—applications and perspectives. *Atmosphere*, 13(2): 1-16.

Cheong, S. M., et al.(2022). Artificial intelligence for climate change adaptation. *Wiley interdisciplinary reviews: Data mining and knowledge discovery*, 12(5): 1-1459.

Climate Change AI(2022). Neural Information Processing Systems 2022 Paper: AI and Climate Change. https://www.climatechange.ai/papers/neurips2022/113

Dabrowski, J. J., et al.(2020). ForecastNet: A time-variant deep feed-forward neural network architecture for multi-step-ahead time-series forecasting. In proceedings of the Neural Information Processing: 27th International Conference, ICONIP, November 23-27, 2020, Bangkok, Thailand, pp.579-591.

DeFour Analytics(2024). AI in Disaster Management: Predictive Analytics for Risk Mitigation. https://defouranalytics.com/ai-in-disaster-management-risk-mitigation/

Google AI(2023). Google AI Global Flood Forecasting. https://blog.google/technology/ai/google-ai-global-flood-forecasting/

Guo, Q., et al.(2024). Monthly climate prediction using deep convolutional neural network and long short-term memory. *Scientific reports*, 14(17748.): 1-17.

Himeur, Y., et al.(2022). Using artificial intelligence and data fusion for environmental monitoring: A review and future perspectives. *Information fusion*, 86(1): 44-75.

IBM(2021). IBM Unveils AI-Driven Software for Environmental Intelligence, Helping Businesses Address Sustainability Objectives and Climate Risk. https://newsroom.ibm.com/2021-10-12-IBM-Unveils-AI

-Driven-Software-for-Environmental-Intelligence,-Helping-Businesses-Address-Sustainability-Objectives-and-Climate-Risk

IBM(2023). IBM Advances Geospatial AI to Address Climate Challenges. https://mea.newsroom.ibm.com/NASA-COP28

IBM(2024). AI and IoT for enhanced environmental monitoring and disaster response. https://www.ibm.com/blog/climate-week-qa-ai-sustainability/

IEEE Public Safety Technology Initiative(2024). Predictive Analytics in Disaster Prevention: Machine Learning Models for Early Warning Systems. https://publicsafety.ieee.org/topics/predictive-analytics-in-disaster-prevention-machine-learning-models-for-early-warning-systems

Intergovernmental Panel on Climate Change (IPCC)(2023). Summary for Policymakers. In Climate Change 2021 – The Physical Science Basis: Working Group I Contribution to the Sixth Assessment Report of the Intergovernmental Panel on Climate Change (pp. 3–32). frontmatter, Cambridge: Cambridge University Press.

Kochkov, D., et al.(2024). Neural general circulation models for weather and climate. *Nature*, 632(8027): 1060–1066.

Lam, R., et al.(2022). GraphCast: Learning skillful medium-range global weather forecasting. arXiv preprint arXiv:2212.12794: 1-102.

Lovett, G. M., et al.(2007). Who needs environmental monitoring? *Frontiers in ecology and the environment*, 5(5):

253-260.

Makhija, A.(2024). FlameViT: Wildfire Detection through Vision Transformers for Enhanced Satellite Imagery Analysis.

Moghanlo, S., et al.(2021). Using artificial neural networks to model the impacts of climate change on dust phenomenon in the Zanjan region, north-west Iran. *Urban climate*, 35(100750): 1-13.

Nguyen, T., et al.(2023). ClimaX: A foundation model for weather and climate. In proceedings of the International Conference on Machine Learning, July 23-29, Hawaii, USA, pp.25904-25938.

Pierleoni, P., et al.(2022). Recent advances in internet of things solutions for early warning systems: A review. *Sensors*, 22(6), 2124.
https://www.mdpi.com/1424-8220/22/6/2124

Satish, M., et al.(2023). Artificial Intelligence (AI) and the Prediction of Climate Change Impacts, In proceedings of the 2023 IEEE 5th International Conference on Cybernetics, Cognition and Machine Learning Applications, October 7-8, 2023, Hamburg, Germany, pp.660-664.

Sebestyén, V., et al.(2021). The applicability of big data in climate change research: The importance of system of systems thinking. *Frontiers in environmental science*, 9(619092): 1-26.

Shianios, D., et al.(2024). DiRecNetV2: A transformer-enhanced network for aerial disaster recognition. *SN computer science*, 5(6), 770.

Ullo, S. L. & Sinha, G. R.(2020). Advances in smart environment monitoring systems using IoT and sensors. *Sensors*, 20(11):

1-18.

WMO(2022). Climate Risk and Early Warning Systems Initiative Protected Over 111 Million in 2022. https://wmo.int/media/news/climate-risk-and-early-warning-systems-initiative-helped-protect-111-million-additional-people-2022

Yang, L., et al.(2022). Towards synoptic water monitoring systems: a review of AI methods for automating water body detection and water quality monitoring using remote sensing. *Sensors*, 22(6): 1-48.

Zhang, Bing, et al.(2022). Progress and challenges in intelligent remote sensing satellite systems. *IEEE Journal of Selected Topics in Applied Earth Observations and Remote Sensing*, 15, 1814-1822.

Zhang, L., et al.(2018). Vision-based parking-slot detection: A DCNN-based approach and a large-scale benchmark dataset. *IEEE transactions on image processing*, 27(11): 5350-5364.

Zhang, X., et al.(2021). Research on deep integration of application of artificial intelligence in environmental monitoring system and real economy. *Environmental impact assessment review*, 86(106499),1-8.

09
농업 예측 인공지능

인간의 모든 활동은 먹는 것에서부터 시작된다. 불안정해지는 기후 속에서 개개인의 경험에 의존하는 전통적인 농업은 경쟁력을 점차 잃어 가고 있고, 스마트팜과 같이 통제된 환경에서 세밀하게 수행되는 정밀 농업이 관심을 받고 있다. 그 과정에서 인공지능을 통한 예측은 필수 불가결한 요소다. 농작물 수확량 예측, 해충 및 질병 예측, 시장 가격 예측 등에서 활용되는 인공지능 기반 예측 사례와 방법을 살펴본다.

농작물 수확량 예측

농작물 수확량 예측은 농업 분야에서 작물이 수확될 때 예상되는 수확량을 사전에 예측하는 과정이다. 최근 스마트팜 발전과 함께 인공지능을 농작물 수확량 예측에 사용하여 더욱 정확히 예측할 수 있는 기술이 개발되고 있다(AI타임스, 2021a). 이는 농업 경영과 생산 계획의 중요한 요소로, 농업 회사나 농부는 이를 통해 자원 배분과 판매 전략을 최적화할 수 있다. 하지만 예측 과정에서 병해충, 태풍, 가뭄 등 자연재해와 같은 복잡한 변수 간 상호작용을 정확히 반영할 수 있는 기술을 필요로 한다(Omenda, 2023).

농작물 수확량 예측은 인공지능을 활용하여 농업 생산성을 극대화하는 과정으로 데이터 수집, 분석, 결과 적용의 세 단계를 포함한다. 데이터 수집 단계에서는 위성 이미지, 기상 패턴, 토양 상태 등 다양한 데이터를 통해 외부 환경 요인을 파악하여 수확량 예측에 필요한 핵심 정보를 얻는다. 데이터 분석 단계에서는 기계학습 알고리즘이 과거 데이터를 학습해 기후 변화와 토양 상태 같은 변수를 분석하고 최적의 작물 성장 조건을 예측한다. 결과 적용 단계에서는 예측 결과를 활용해 물, 비료, 살충제 사용량을 최적화함으로써 낭비를 줄이고, 농업 관리의 효율성을 높인다(Analyticsweek, 2024). 이러한 과정을 통해 농부는 작물의 심기, 관개, 수확 시기를 정보에 기반하여 결정하고 자원을 효과적으로 관리할 수 있다.

시장 가격 예측

시장 가격 예측 기술은 인공지능과 빅데이터를 활용하여 농산물 가격의 변동성을 분석하고 예측하는 데 중점을 둔다(Wikipedia, 2024). 이 기술은 농산물의 생산량, 기후 변화, 경제적 요인 등 다양한 변수를 종합적으로 분석하여 가격의 변화 패턴을 식별한다. 이러한 분석 결과는 농업인에게 농산물을 판매할 최적의 시기를 선택할 수 있는 정보를 제공하며, 가격 변동으로 인한 경제적 위험을 줄이는 중요한 도구로 사용된다. 농산물 시장의 불확실성을 줄이고 효율성을 증대시키는 데 기여하기 때문에 최근에는 농업 경쟁력을 높이는 데 필수 요소로 받아들여지고 있다(AI타임스, 2022).

시장 가격 예측에서 인공지능의 기계학습 기술은 수출입량, 생산량, 소셜 미디어 텍스트 등 다양한 데이터를 분석하여 농산물 가격 변동을 예측하며, 농업 시장을 혁신적으로 변화시키고 있다(Sun, F., 2023). 또 시장 가격 예측에서는 농작물 수확량 예측이 핵심적인 요소로 자리 잡고 있다. 이를 위해 과거 데이터를 기반으로 다양한 데이터 간의 복잡한 관계를 분석하고, 환경과 농작물 가격 변동의 패턴을 학습한다(Sarangi, A., 2024). 이러한 과정을 통해 인공지능 모델은 농부와 상인에게 사람이 예측하기 어려운 상황에서도 농산물 가격 정보를 제공할 수 있다. 이는 단순한 예측을 넘어 시장의 불확실성을 줄이고 의사 결정을 지원하는 중요한 역할을 한다. 결과적으로 생산성에 따른 가격 변동으로 인한 손실을 최소화하는 데 기여한다.

해충 및 질병 예측

해충 및 질병 예측 기술은 무엇이, 어디에, 어떻게 발생할지 총 세 단계로 나누어 병해충 발생 확률을 예측해 병해충 발생 전에 미리 대처할 수 있도록 돕는다(Liu, J., 2021). 이 기술은 씨앗을 심는 과정부터 생장하는 모든 단계에서 발생할 수 있는 질병을 예측하며, 조기 발견을 통해 피해가 확산하지 않도록 사전에 차단하는 것을 목표로 한다. 또 발병 전 적기 방제를 지원함으로써 농약 오남용을 방지할 수 있다(영농자재신문, 2024).

병해충 예측 기술은 이미지, 온도, 습도, 빛의 강도, 토양 수분 등 농업 환경에서 수집된 환경 변수를 주로 사용한다. 수집된 환경 데이터는 시계열 모델을 주로 활용하여 시계열 특성을 유지하면서 과거 기상 데이터와 해충 발생률 간 관계를 학습한다. 해충의 생애 주기와 계절별 온도 변화가 해충 발생률에 영향을 미치므로 이러한 시계열 특성을 잘 다룰 방법을 적용해야 한다(Domingues, T., 2022). 또한 작물의 이미지 데이터를 활용하여 시각적으로 이상이 생긴 병해를 자동으로 식별하고 병해가 발생한 위치를 알려 줌으로써 사용자가 적절히 대처할 수 있게 한다(Liu, J., 2021). 추가로, 각 작물과 병해충에 대한 전문가적 지식을 학습하여 특정 환경 조건에서의 해충 발생률을 예측하고 방제 조치에 필요한 정보를 출력한다. 이를 통해 농업 종사자는 병해충을 사전에 대비할 수 있어 생산 효율성을 높일 수 있다(Domingues, T., 2022).

인공지능 기반 농작물 스마트 체인

현재 안정적인 농작물 수확량 예측을 위해 다양한 기업이 도전하고 있다. 예시로 미국의 밀가루 기업 셰퍼드그레인(Shepherd's Grain)은 실제 농작물 수확량을 예측할 수 있는 시스템을 개발한 바 있다. 또 월마트와 계약한 아그리태스크(Agritask)는 정보통신기술을 활용해 농작물의 공급원을 자동으로 파악하는 데이터 기반 농업 설루션을 제공하는 기업으로, 농작물 수확량 시스템을 사용하여 이윤을 극대화한다. 폭우와 태풍, 서리 등 예상치 못한 재해가 발생할 때 특정 작물의 수확 영향도를 즉시 파악해 월마트에 전달하여 재빨리 대응할 수 있는 체계를 구축했다. 이를 통해 월마트의 농작물 공급의 안정성을 높이고 식품의 폐기물을 최소화하여 세계 기업 매출 1위를 달성했다(임팩트온, 2024). 셰퍼드그레인에서는 점점 더 날씨 예측이 어려워지는 현시점에 대비하여 기후 예측 인공지능을 활용하고 있다. 해당 기술은 위성사진, 온도, 강우량 등의 데이터를 활용하여 과거 사례와 결합해 미래 날씨를 예측하는 것이다. 이를 통해 농작물 수확량을 예측하는 시스템은 농작물을 심어야 하는 시기와 수확해야 하는 시기, 최적의 장소 등을 알려 줄 수 있다(BBC코리아, 2024).

와드와니AI(Wadhwani AI)는 인도의 벤처 기업으로, 구글과 협력해 인도 농촌의 해충 방제 문제를 해결하기 위해 인공지능을 도입했다(AI타임스, 2021c). 이 기업은 인공지능 기반 농가 의사 결정 지원 시스템을 개발하여 농민이 목화에 침입한 해충을 사진 앱으로 찍어 보내면, 구글 인공지능이 이를 분석해 해충을 식별하고 예측할 수 있게 했다. 농업 전문가는 이를 바탕으로 실시간 조언을 제공해 농민이 살충제 사용을 최소화하면서 효율적으로 해충을 관리할 수 있도록 돕는다. 농민에게 정확한 방제 방법을 제공함으로써 농업 생산성을 높이고, 환경적 영향을 최소화하는 데 기여하고 있다. 더불어 이스라엘 스타트업 기업인 타라니스(Taranis)는 항공 이미지, 필드 센서, 기상 데이터 등 다양한 데이터를 활용하여 빅데이터 기반 의사 결정 플랫폼을 제공하는 기업이다(스마트에프엔, 2020). 이 기업은 인공지능을 활용하여 해충 및 작물 질병 예측을 지원하며, 농민이 더 정교하고 정확한 농업 관리를 할 수 있도록 돕는다. 또한 현지 수준의 날씨 예측을 제공하는 설루션을 통해 농업 생산성 향상과 위험 관리 및 효율적인 자원 관리를 가능하게 한다.

농업 예측 인공지능의 미래

미래에는 농작물 수확량 예측과 더불어 자동화된 실시간 환경 조성 기술이 도입될 것으로 예상된다(INIDAai, 2024). 전문가들은 세계 인구가 계속해서 증가하고 있는 시점에서 안전한 식량을 확보하기 위해 농작물 수확량 예측 인공지능이 세계 농업 성장에 가장 핵심적인 기술로 기여할 것으로 전망한다(AI타임스, 2021b). 이러한 이유로 인공지능은 농작물 수확량 예측 시스템에서 매우 중요한 요소로 자리 잡고 있으며, 점점 더 심해지는 기후 변화에 따라 강건한 인공지능 모형을 개발해야 하는 도전 과제가 남아 있다.

해충 및 질병 예측 인공지능은 데이터 과학, 사물인터넷(IoT), 생물학 등 다양한 분야와 융합하여 농업의 혁신을 주도할 것이다. 특히 병해충 감지와 확산 속도 예측, 원인 분석, 대처 시나리오 제공을 넘어 로봇을 이용한 발생 병해충에 따른 약재 살포, 환경 조성과 같은 기술의 발전이 예상된다(한국농기계신문, 2023). 이러한 기술은 농업 생산성을 높이는 동시에 지속 가능한 농업을 실현하는 데 기여할 것이며 미래 농업의 패러다임을 변화시킬 주요 요소로 평가된다.

농산물 시장 가격 예측 인공지능은 공급망 운영을 최적화하고 신뢰할 수 있는 가격 정보를 제공함으로써 고객 수요를 효과적으로 충족시키는 데 중요하다. 기존의 시장 가격을 예측하는 방법은 기후 조건, 병충해 그리고 기타 자연적 요소를 모두 고려해야 하므로 예측에 어려움이 있었다(Mohamed-Amine, N., 2024). 하지만 인공지능을 활용해 자동화 시스템을 구축한다면 소비자에게 가격의 명확한 기준을 제공하고, 합리적이고 이성적인 의사 결정이 가능하도록 도우며 유통 구조의 혁신을 이룰 것으로 예상한다. 생산 측면에서도 갑작스러운 가격 등락에 영향을 받지 않고 안정적인 수익을 낼 수 있는 유통 구조가 마련될 것이다. 이는 스마트 농업 분야의 숙원 과제이기도 하다.

참고문헌

스마트에프엔(2020.02.12). 정밀농업 기술별 주요 스타트업 현황③. https://www.smartfn.co.kr/article/view/sfn202002120002

영농자재신문(2024.09.26). '농작물 병해충 AI 영상진단·처방 앱 서비스' 본격 시작. http://www.newsfm.kr/news/article.html?no=9370

이투뉴스(2024.12.03). 주식회사 드림스, 인공지능 농산물 가격 물량 예측 시스템 특허 출원. https://www.e2news.com/news/articleView.html?idxno=315068

임팩트온(2024.06.24). 아그리테스크, 아마존 맹추격에도… 월마트 1위 유지 비결은? 인공지능으로 식품 수확량 예측해 수급 조정. https://www.impacton.net/news/articleView.html?idxno=11828

한국농기계신문(2023.10.31). [연구실] AI 시설 재배 작물 병충해 진단 기술. https://www.kamnews.co.kr/news/articleView.html?idxno=6797

AI타임스(2021.06.02.c). 농촌 해결사로 나선 인도 AI 스타트업들…정부 주도 스타트업 적극 육성.

https://www.aitimes.com/news/articleView.html?idxno=138809

AI타임스(2021.07.11.b). 농업도 인공지능 시대 준비해야… 글로벌 농업 AI시장, 오는 2028년에 35조원으로 가속된다. https://www.aitimes.kr/news/articleView.html?idxno=21631&utm_source=chatgpt.com

AI타임스(2021.08.25.a). "인공지능과 로봇없는 미래농업은 없다"…대세가 되어가는 인공지능 기반의 스마트팜. https://www.aitimes.com/news/articleView.html?idxno=140272

AI타임스(2022.08.02). 농산물 가격 예측부터 유통까지…국내 농업 선진화 위한 AI 활용 노력 가속화. https://www.aitimes.com/news/articleView.html?idxno=146137

BBC코리아(2024.6.14). 셰퍼드 그레인, '인공지능을 활용해 5배 빠르게 자라는 품종을 개발할 수 있습니다' https://www.bbc.com/korean/articles/c2xx8mjp2kro

Analyticsweek(2024.01.11). Sustainable Farming in the Age of AI: Predictive Analytics for Crop Yield Optimization. https://analyticsweek.com/sustainable-farming-in-the-age-of-ai-predictive-analytics-for-crop-yield-optimization/

Domingues, T., et al.(2022). Machine learning for detection and prediction of crop diseases and pests: A comprehensive survey. *Agriculture*, 12(9), 1350, (pp. 1-23).

INIDAai(2024.09.25). AI shows potential for predicting crop yield, study finds. https://indiaai.gov.in/article/ai-shows-potential-for-predicting-crop-yield-study-finds

Liu, J. & Wang, X.(2021). Plant diseases and pests detection based

on deep learning: A review. *Plant methods*, 17, 1-18.
Mohamed-Amine, N., et al.(2024). Artificial intelligence for forecasting sales of agricultural products: A case study of a moroccan agricultural company. *Journal of open innovation: technology, market, and complexity*, 10(1), 100189. 1-10.
Omenda(2023.11.15). AI-Powered Crop Yield Prediction in Agriculture. https://www.omdena.com/blog/ai-powered-crop-yield-prediction-in-agriculture
Sarangi, A., et al.(2024). Crop Price Prediction Using Machine Learning Algorithms. In 2024 IEEE International Conference on Smart Power Control and Renewable Energy (ICSPCRE) (pp. 1-6).
Sun, F., et al.(2023). Agricultural product price forecasting methods: A review. *Agriculture*, 13(9), 1671, (pp. 1-20).
Wikipedia(2024.12.12). Agriculture. https://en.wikipedia.org/wiki/Artificial_intelligence_in_agriculture

10

스포츠 예측 인공지능

과거의 스포츠가 단순히 인간이 즐기는 여가 활동이었다면 현대의 스포츠는 하나의 엔터테인먼트 산업으로 자리매김하고 있다. 거대해지는 스포츠 산업에서 선수와 팬에 대한 예측의 중요도 역시 점차 높아지고 있다. 최근 주목받는 e스포츠는 말할 것도 없다. 선수 경기력 예측, 경기 결과 예측, 팬 참여 및 마케팅 등에서 활용되는 인공지능 기반 예측 사례와 방법을 살펴본다.

경기 결과 예측

경기 결과 예측 기술은 기계학습과 심층학습을 활용해 특정 팀이나 선수가 경기에서 승리할 가능성을 예측하는 도구다(김필수 외, 2024b). 이는 팬들의 관심을 끌고, e스포츠 베팅 시스템에 활용되며, 경기 해설과 전략 분석을 지원한다. 더불어 베팅 플랫폼과 스포츠 분석 회사는 이러한 예측을 통해 사용자와의 상호작용을 증대시키고, 팬 경험을 개선하는 데 기여하고 있다.

세계적으로 유명한 리그 오브 레전드(LoL, League of Legends)에 대한 승패 예측 모델의 동작 원리는 상위 0.1% 플레이어들의 경기 데이터를 기반으로 승패에 영향을 미치는 주요 지표를 학습하는 방식이다(김동욱, 2017). 이를 위해 2016년 상반기에 치러진 총 4000회의 경기 데이터를 수집하되, 개인 경기 기록이 100회 미만인 플레이어는 분석에서 제외한 것이 흥미롭다. 최종적으로 총 4만 개의 개별 플레이어 데이터를 수집하여 분석을 위한 기초 데이터를 확보했다. 수집된 원시 데이터는 팀 데이터로 변환되는 과정을 거친다. 먼저 개별 플레이어의 주요 지표 중에서 팀 승패에 중요한 역할을 하는 요인들을 선정한다. 이때 각 지표에 가중치를 적용하여 개별 기록을 팀 성과로 집계한다. 마지막으로 예측 과정에서는 설명력이 부족한 심층학습보다는 전통적인 통계적 기계학습이 주로 활용되는데, 단순히 승패를 예측하기도 하지만 주요 이벤트나 특정한 지표가 승패에 어느 정도로 영향을 미치는지 추정해 주기도 한다.

경기력 예측

선수 경기력 예측 인공지능은 선수의 경기 성과를 분석하는 기술이다(김필수 외, 2024a). 이 기술은 선수의 신체적, 기술적 능력뿐만 아니라 경기 환경, 상대 팀 전략 등을 종합적으로 고려하여 경기력을 예측한다. 이는 코치와 선수에게 훈련 방향성을 제시하고, 부상을 예방하는 데 도움을 줄 수 있으며, 팀의 전반적인 성과를 극대화하는 데 중요한 역할을 한다.

인공지능을 위한 입력 데이터는 선수의 과거 경기 데이터, 훈련 기록, 체중이나 체지방률과 같은 신체적 특성, 심박수와 같은 생리적 데이터 및 날씨, 상대 팀 정보와 같은 경기 환경 등을 포함해 선수의 성과를 예측하는 데 필요한 다양한 정보로 구성된다. 이렇게 수집된 데이터가 기계학습을 통해 분석되는데 주로 회귀 분석, 인공신경망, 의사결정나무 등의 방법이 사용되며 이 과정에서 선수의 경기력에 영향을 미치는 다양한 정보 간의 상관관계를 학습한다. 마지막으로 점수, 승률, 특정 기술의 성공 확률과 같은 지표를 예측한 값이 제공되며, 이를 바탕으로 선수에게 필요한 훈련 또는 개선점에 대한 피드백이 제공된다.

팬 참여 및 마케팅

팬 참여 및 마케팅에서 사용되는 인공지능은 팬들의 행동과 선호도를 분석해 맞춤형 콘텐츠를 제공하고, 브랜드와의 상호작용을 강화하는 데 핵심적인 역할을 한다(AI타임스, 2020b). 팬은 경기 흥행과 수익 창출에 중요한 요소로 작용하므로 팬의 참여를 유도하고 유지하기 위한 기술적 도구는 필수다.

스포츠 팬에게 더 나은 경험을 제공하기 위해서는 다양한 방식의 인공지능이 활용된다. 활용 단계를 살펴보면, 인공지능은 선수의 퍼포먼스 관련 데이터, 팀 간 경기 기록, 관전 흐름 데이터 등 여러 형태의 데이터를 취합한다(Forbes, 2022). 더불어 시각 지능이 더해진 광학 추적 기술을 활용하여 선수의 움직임과 경기 중 특정 행동을 실시간으로 포착하는 것이 데이터 수집의 주요 방식이다. 이렇게 수집된 데이터에 기계학습 혹은 심층학습을 적용하여 특정한 패턴을 자동으로 감지한다. 이를 바탕으로 자연어 생성, 예측 분석 그리고 시각화 도구를 사용해 데이터를 분석한 뒤 짧게 정리된 인사이트 형태로 팬에게 제공한다. 특정 선수의 성장 가능성을 예측하거나 경기 요약, 경기 전후 분석 등으로 출력하여 팬이 쉽게 소비할 수 있도록 하는 것이다. 또 인공지능은 베팅 플랫폼에서도 필터링, 자동 예측 정보 제공 등을 통해 사용자가 원하는 형태로 가공된 데이터를 제공한다. 출력되는 정보는 팬이 팀에 대해 더 깊이 이해하고, 개인화된 경험을 통해 경기에 더욱 몰입하여 즐길 수 있게 도와준다.

AI 예측을 업은 스포츠 산업

현대 스포츠 산업에서 인공지능은 선수 안전, 성과 최적화, 코칭 개선에 중요한 역할을 하고 있다(CIO, 2024). 내셔널 풋볼 리그(NFL)는 아마존(Amazon)과 협력해 개발한 디지털 애슬릿(Digital Athlete) 플랫폼을 통해 경기 중 수집된 데이터를 분석하여 부상 위험을 예측하고 예방 전략을 수립한다. 스페인 라리가(LaLiga)는 미디어코치(Media Coach) 플랫폼을 통해 광학 추적 카메라로 수집한 데이터를 분석하여 선수의 전술적 효율성과 골 확률 같은 고급 지표를 제공하며, 팀과 방송사에 맞춤형 분석 데이터를 전달한다. 스포츠에서 기술적 통합은 인공지능으로 스포츠 분석의 깊이를 더하고, 경기 안전성과 전략적 요소를 향상해 산업 전반에 새로운 가치를 창출하고 있다.

한편 IBM은 2024년 여름 1만 8000명 이상의 전 세계 스포츠 팬을 대상으로 한 연구에서 인공지능이 스포츠 콘텐츠 소비 방식에 미치는 영향을 조사했다(IBM Newsroom, 2024). 이에 따르면, 젊은 세대는 인공지능과 같은 기술이 스포츠 경험의 향상에 미치는 긍정적인 영향을 선호하며, 특히 실시간 업데이트와 개인 맞춤형 콘텐츠에 높은 관심을 보였다. 반면 45세 이상의 응답자들은 여전히 전통적인 TV 방송을 선호하지만, 그중 40%는 인공지능이 스포츠에 긍정적인 영향을 줄 것이라 보고 있다. 이를 바탕으로 IBM은 팬에게 개인 맞춤형 디지털 스포츠 콘텐츠를 제공하고자 인공지능과 데이터 플랫폼 왓슨엑스(WatsonX)를 기반으로 한 파트너십을 통해 스포츠 산업에 기술을 적극적으로 도입하고 있다. IBM의 연구는 팬이 스포츠 하이라이트와 요약 콘텐츠를 중점적으로 소비하는 경향을 확인했으며, 인공지능과 데이터 분석을 통해 보다 빠르고 개인화된 실시간 스포츠 콘텐츠 업데이트를 제공하는 잠재력을 보여 준다. 조사 대상 중 팬의 63%는 데이터 분석이 스포츠에 가장 긍정적인 영향을 미치고 있다고 평가했고, 인공지능과 생성형 인공지능을 통해 실시간 업데이트(34%)와 개인화된 콘텐츠(29%)가 더욱 중요해질 것이라고 밝혔다. 이를 바탕으로 IBM은 스포츠 팬의 관심사와 소비 패턴에 맞춘 혁신적인 인공지능을 개발하여 파트너와 협력하고, 실시간 데이터 분석을 통해 팬들이 원하는 맞춤형 스포츠 경험을 제공하는 데 주력하고 있다. 또한 여러 스포츠 리그와 협력하여 실시간 데이터를 분석하고 예측 모델을 제공하는 플랫폼을 운영하고 있으며 이를 통해 특정 선수의 패턴을 분석하고 최적의 전략을 제안한다. 이러한 기술들은 축구, 농구, 야구 등 다양한 스포츠에서 선수의 성과를 극대화하는 데 사용되고 있다.

스포츠 인공지능의 미래 역할

앞으로 경기 결과 예측 기술은 실시간 데이터에 대한 분석을 중심으로 발전할 것으로 예상된다(김필수 외, 2023). 이를 통해 선수의 컨디션, 날씨, 경기장 상태 등의 변수가 실시간으로 반영되어 예측 정확도가 높아질 것이다. 또 인공지능은 경기 중 전략 변화에 즉각적으로 반응할 수 있는 능력을 갖추게 될 것이다. 팬 맞춤형 예측 서비스도 확대되어 개인화된 추천 시스템이 등장할 가능성이 크다. 더 나아가 이러한 기술은 감독과 코치에게 경기 중 의사 결정을 지원하고 선수의 장기적인 컨디션 관리와 부상 예방에도 활용될 수 있다.

인공지능 기반 예측 분석은 스포츠 마케팅의 미래에 필수 요소로 자리 잡고 있으며, 티켓 판매 및 제품 수요 예측부터 팬의 감정 분석까지 폭넓은 역할을 할 것이다(Ranktracker, 2024). 판매 전문가는 실시간 인사이트를 활용해 시의적절한 마케팅 전략을 세우고, 팬 경험을 개인화하여 더 높은 공감을 끌어낼 수 있다. 더불어 인공지능은 스포츠 산업에서 마케팅 전략의 혁신을 촉진하고, 팬들과의 정서적 유대감을 강화하는 데 중추적인 역할을 할 전망이다.

미래에는 선수 퍼포먼스 예측 인공지능이 더욱 발전하여 보다 정교한 예측과 개인 맞춤형 훈련 프로그램 제공이 가능해질 것으로 예상된다(강승애, 2022). 인공지능 발전과 함께 빅데이터 분석 기술이 접목되면서 실시간으로 변화하는 경기 상황에 따라 즉각적인 피드백을 제공할 수 있는 시스템으로 발전하고 있다. 또 경기 내외적으로 선수의 상태를 측정하고 스트레스와 같은 다각적인 정보를 선수의 경기력 예측에 활용할 수 있다. 이는 선수의 경기력 측정을 극대화하고, 스포츠의 새로운 패러다임을 형성하는 데 기여할 것으로 예상된다.

참고문헌

강승애(2022). 스포츠 현장에서의 빅데이터와 인공지능 활용 동향. ≪융합보안 논문지≫, 22(2), 115-120.

김동욱(2017). 기계학습을 활용한 e-sports 경기 승패 예측에 관한 연구. 국내 석사학위논문, 숭실대학교, 서울.

김필수 외(2024a). 머신러닝 알고리즘 적용 KLPGA 선수 경기력 예측이 스포츠 산업에 미치는 사회학적 함의. ≪한국스포츠사회학회지≫, 37(특별호), 122-145.

김필수 외(2024b). 인공지능 알고리즘을 적용한 한국프로야구 경기결과의 선행적 예측. ≪한국체육학회지≫, 63(4), 461-477.

김필수·이상현(2023). AI 머신러닝 알고리즘을 적용한 한국여자프로골프(KLPGA) 선수의 상위 10위 이내 진입 여부 예측: 스포츠 애널리틱스 관점. ≪한국스포츠산업경영학회지≫, 28(4), 51-66.

AI타임스(2020.05.06b). '인공지능으로 팬을 즐겁게 하라'…인공지능으로 진화하는 스포츠. https://www.aitimes.com/news/articleView.html?idxno=128043

AI타임스(2020a). 세컨드 스펙트럼, 클라우드·머신러닝·AI 제공 업체로 AWS 선정. https://www.aitimes.kr/news/articleView.html?idxno=15346

AI타임스(2024). 기획:디지털스포츠③ - 인공지능과 빅데이터의 흐름.

https://www.aitimes.com/news/articleView.html?idxno=163918

CIO(2024). 선수 부상 예측도… 인공지능과 ML로 경기 개선 중인 스포츠 단체 3곳.
https://www.cio.com/article/3502510

Ranktracker(2024.08.27). 스포츠 마케팅에서 AI의 역할.
https://www.ranktracker.com/ko/blog/the-role-of-ai-in-sports-marketing/

Forbes(2022.09.23). 'The Role Of AI In Sports Fan Engagement'
https://www.forbes.com/councils/forbescommunicationscouncil/2022/09/23/the-role-of-ai-in-sports-fan-engagement/

IBM Newsroom(2024.06.26). IBM Study: Fan Engagement and Consumption of Sports Shifting, Reveals New Opportunities for Technology Integrations including AI.
https://newsroom.ibm.com/2024-06-26-IBM-Study-Fan-Engagement-and-Consumption-of-Sports-Shifting,-Reveals-New-Opportunities-for-Technology-Integrations-including-AI

이재성

중앙대학교 AI학과 부교수다. 중앙대학교 컴퓨터공학과에서 인공지능 전공으로 석사와 박사학위를 받고 연구교수로 재직했다(2007~2013). 중앙대학교 AI학과 교수로 임용된 후 학과장(2021), 인공지능연구소 소장(2022), AI대학원 부원장(2024)으로 재직 중이다. 인공지능윤리협회에서는 이사로 활동하고 있다. 주요 저서로 『AGI, 인공일반지능의 이해』(2024), 『챗GPT, 이미 온 미래』(2023), 『미래는 AI의 것일까?』(2020)가 있다. 기계학습 및 자동화를 위한 기술과 관련하여 100편 이상의 논문을 국제학술대회에서 발표하고 국제저명학술지에 게재했다.